幼儿园自主游戏的探索实践 与课程构建研究

庄秋萍 ◎ 著

吉林出版集团股份有限公司
全国百佳图书出版单位

图书在版编目（CIP）数据

幼儿园自主游戏的探索实践与课程构建研究 / 庄秋萍著. -- 长春：吉林出版集团股份有限公司，2024.1

ISBN 978-7-5731-4581-9

Ⅰ. ①幼… Ⅱ. ①庄… Ⅲ. ①游戏课－教学研究－学前教育 Ⅳ. ①G613.7

中国国家版本馆CIP数据核字(2024)第040438号

YOUERYUAN ZIZHU YOUXI DE TANSUO SHIJIAN YU KECHENG GOUJIAN YANJIU

幼儿园自主游戏的探索实践与课程构建研究

著　　者	庄秋萍
责任编辑	张婷婷
装帧设计	朱秋丽
出　　版	吉林出版集团股份有限公司
发　　行	吉林出版集团青少年书刊发行有限公司
地　　址	吉林省长春市福祉大路 5788 号（130118）
印　　刷	北京昌联印刷有限公司
版　　次	2024 年 1 月第 1 版
印　　次	2024 年 1 月第 1 次印刷
开　　本	787 mm×1092 mm　　1/16
印　　张	12.25
字　　数	260千字
书　　号	ISBN 978-7-5731-4581-9
定　　价	78.00元

作者简介

庄秋萍，高级教师，厦门市学科带头人，厦门市同安区优秀教师，现为厦门市同安区朝阳幼儿园业务副园长。

致力于幼儿游戏研究、幼儿园课程改革。近年来，主持与参与六项省、市、区级课题研究，十余篇论文公开发表在《早期教育》等CN刊物上，获得厦门市教师能力大赛二等奖、厦门市教师教学创新大赛一等奖、同安区岗位大练兵一等奖、同安区教师教学创新大赛一等奖、同安区教学成果一等奖等奖项，研究成果两次获得厦门市教育科研成果奖。

序

近年，我曾几次应邀到厦门市同安区杨丽芳名师工作室及同安区朝阳幼儿园指导、讲座。一群心怀教育情愫、热爱儿童、执着研究儿童游戏的老中青年教师常汇聚一起，在频繁互动与专题研讨中，她们持续不断地"燃烧"着实践游戏、研究游戏的热情火焰，令人难于忘怀。

工作室的骨干成员庄秋萍副园长尤为突出，她乐于学习、勤于思考、善于钻研、勇于创新，躬身为范带头坚持课程改革实验，聚焦幼儿自主游戏，深度反思、自我突破、持续优化。这些年来，在团队形成"游戏是幼儿的生命，玩游戏并不是消磨时间，而是在创造未来"共识下，庄秋萍老师积极引领工作室成员，通过一系列"驱动性问题"助推教师反思课程实践中的困惑，正确引导教师读懂儿童游戏，识别游戏中幼儿的发展水平，力求实现"游戏支持与促进幼儿深度学习"的教育愿景。

触及难点、课程突破，破解瓶颈，合力求方。这个团队已然成为推动本区域儿童游戏发展的主力军，数年来从未间断。她们在践行"以游戏为基本活动"教育思想、探寻幼儿园游戏内涵的丰富性与深刻性、催生自主游戏回归幼儿世界、让幼儿的学习过程科学而灵动起来所做的努力终究结出硕果。这本由基层幼儿园业务园长撰写的书籍，记载了多年来幼儿园游戏与课程的发展历程与实践经验。冀为其他幼儿教师提供培育幼儿深度学习的参考蓝本，从而有效地支持"孩子像孩子一样学习与发展"。

2012年教育部颁布的《幼儿园教师专业标准（试行）》明确提出：幼儿园教师要根据幼儿的特点和需要，给予适宜的指导，并能引发和支持幼儿的主动活动，引导幼儿在游戏活动中获得多方面的发展。因此，解决教育实践中"幼儿游戏常处于浅层学习状态、缺乏主动深入探究行为"等问题，积极探索"玩中深度学"已是合格幼儿园教师应具备的专业能力。在此书中，作者积极探索游戏与学习二者之间的相交点，在游戏中融入深度学习理念，以游戏研究为支点，撬动师幼关系和课程模式的转型。有助于帮助教师树立先进的儿童观、课程观，形成更科学、有效的教育行为。此外，书中所选的游戏与课程研究都是以《幼儿园教育指导纲要（试行）》和《3-6岁儿童学习与发展指南》为指引，以帮助儿童自主游戏、主动学习为价值导向，用不同方法达成教育目标、促进儿童发展的课程实施路径。

首先，此书从自主游戏与深度学习的理论与实践的阐述入手，解析了自主游戏与深度学习的含义、理论支撑及在幼儿园中遇到的困境；接着，围绕优化游戏环境与空间、保障充足的游戏时间、投放开放多元的材料、优化游戏实施环节、探究教师指导方式、教师观察解读幼儿行为、关注课程生成与实施、高质量的评价策略等内容，为教师指导幼儿游戏与学习提供有效策略，阐述自主游戏在幼儿园的一系列实践探索；其次，从课程目标、课程内容生发、课程实施、课程评价这课程四要素阐述游戏课程化的建构过程，为教师的游戏实践找到抓手，使游戏课程化实实在在地在幼儿园落地开展。每一次课程都承上启下、由此及彼、迁移建构，真正支持幼儿在游戏中获得有深度的学习和发展。

本书的最后还展示了幼儿园自主游戏的实践探索与课程建构实践中，实现幼儿的真游戏及幼儿学习与发展的探索成果。通过提供了部分优秀的幼儿游戏故事、课程故事，给予读者一定的启示。从五育融合的角度阐述了幼儿园游戏课程化的成果，把"全面育人"作为根本途径，构建德智体美劳全面发展的课程体系。

十年磨一剑，寒梅喜登枝。此书先后经历探索研究、实践反思、反复调整、优化完善等阶段，真实记录了一线幼教工作者探索、研究、成长的足迹。梦想正起航，逐梦新时代，奋楫新征程。衷心希望更多的幼儿教师能打开眼界，拓宽视野，珍视幼儿期的教育价值，唤醒幼儿深度学习的主动性，真正提升幼儿的可持续发展动力。相信在庄秋萍老师团队先试先行的感召下，未来会有更多园所基于实际开展游戏研究，以最少的干预，最多的欣赏来支持幼儿游戏，从而发现游戏中幼儿的无限潜力，助推"游戏精神"发扬光大，呈现几马当先，万马奔腾的蓬勃发展态势，收获更多理论与实践融合的教育智慧。

厦门市教育科学研究院　　沈雯

绪　论

　　学前教育领域对游戏价值的论证，对游戏环境的创设、游戏材料的投放、游戏观察和游戏支持的研究如火如荼地开展着。近年来，专家、学者们从不同的研究角度得出结论：幼儿游戏与幼儿的学习和发展关系密切；游戏可以发展幼儿运动能力、交往能力、认知能力……这样的理论在幼儿园的教育实践中都得到了有效验证。在实践中，我们发现，游戏不但能满足幼儿好奇、好问、好动的天性，而且伴随游戏情节的发展和随游戏矛盾冲突的解决，能充分激发幼儿发展所需要的"主动探索"的内驱力，解锁一个个天性十足的心，并真正赋予幼儿玩中学的动力。

　　自主游戏让教师的视角回归幼儿。在基于幼儿立场的游戏支持中，教师可以不断警醒自己"用幼儿的眼睛看世界，用幼儿的方式做事情"，慢慢从"我觉得"到"你觉得"；闭上嘴，管住手；慢下脚步，观察幼儿，解读幼儿。什么样的游戏才是好游戏？相信多数教师会马上回答："幼儿喜欢的，有兴趣的"。一个好游戏，不仅要有趣味性，更应该对幼儿来说具有学习和发展的需要，让幼儿在玩的过程中提升能力，增长见识，培养好习惯。游戏的"主导者"应该是幼儿，幼儿主导的游戏才真实、鲜活、有灵气、有个性，对幼儿的学习和发展有所帮助。教师应该用幼儿的视角审视自己的教育行为，多省吾身：今天我观察了吗？这个行为我读懂了吗？我的支持有意义吗？我要怎么做才能促进幼儿的主动发展？我要怎么做才能推动幼儿的深度学习？

　　幼儿是有自信、有能力的"学习者"，通过与环境、材料和人的互动建构知识经验。幼儿需要学习，但并不完全需要小学化的学习，而是需要在游戏中获得知识。幼儿在游戏中遇到的困难和挑战可以当成幼儿学习与发展的助推器。教师要尊重和信任幼儿，拓展幼儿的课程经历，提供多种实践机会，真正赋能幼儿的需要和发展；充分挖掘幼儿与环境互动的多种可能性，同时努力辨析、捕捉幼儿在探究过程中的学习生长点，发挥教师指导的价值，与幼儿开展高质量的互动和对话，在顺应幼儿兴趣的过程中寻找发展的契机，引发幼儿思维不断走向深入，努力成就真实的幼儿。将来，这样的幼儿方能补益山海，增辉日月！

　　这是一本融游戏与学习的理念、实践为一体的书，期待帮助教师梳理科学的幼儿观、游戏观和发展观，保障幼儿的游戏权利。全书从优化游戏环境和空间、保障充足的游戏时间、投放开放多元的材料、优化游戏实施环节、探究教师指导方式、关注课程生成和实施、高质量的评价策略等内容入手，为教师指导幼儿游戏和学习提供有效策略。

走在自主游戏实践的道路上，我们经常收到各方面反馈的信息，有鼓励、有期待、有赞许、有支持，当然也有质疑、有困惑……可以说，我们的实践引发了教师思考。我们以自主游戏这一抓手，带动游戏的改变，引发了户外活动、生活活动、师幼互动等一系列的变化。自主游戏赋予每位幼儿学习和成长的力量，给他们的未来的学习指明了新的、可能的方向，在计划调整、材料提供、环境创设、活动组织、五育并举、家园共育等方面提供了多种机会和可能性。我们还需要在具体的实践中用行动和思考不断地解决很多问题。

回顾过去的经验，是为了更好地实践和前行。教师带着爱和喜悦，参与幼儿游戏，洞悉幼儿的兴趣和想法，并观察和记录、识别和回应，幼儿的"视"界将有无限可能。作为教师我们要在幼儿成长的道路上尽力追随幼儿的脚步，以幼儿的优势和能力作为起点，给予幼儿适宜的支持，追随幼儿健康、快乐、自由的成长。希望我们永远秉持"幼儿视角"，努力让游戏精神弥漫、融渗、充溢教育的全过程！

庄秋萍

2024 年 1 月

目 录

第一章 自主游戏概述 1

　　第一节 自主游戏意涵 1

　　第二节 自主游戏的价值取向 8

　　第三节 自主游戏的理论基础 11

　　第四节 自主游戏的现状、困境 14

　　第五节 自主游戏中幼儿深度学习存在问题 22

　　第六节 游戏中的深度学习 23

第二章 指向深度学习的幼儿园自主游戏的实践探索 29

　　第一节 环境支持 29

　　第二节 时间保障 39

　　第三节 材料多元 48

　　第四节 教师鹰架 66

第三章 指向深度学习的幼儿园自主游戏的课程建构 103

　　第一节 目标导向 103

　　第二节 课程生发 113

　　第三节 课程实施 132

　　第四节 课程评价 156

致 谢 180

参考文献 182

第一章　自主游戏概述

第一节　自主游戏意涵

皮亚杰说，游戏把真实的东西转变为儿童想要的东西，从而使他的自我得到满足。他重新生活在他所喜欢的生活中，解决了一切冲突。

英国自由教育家尼尔认为，游戏让那些幼小的孩子"不仅生活在幻想的世界中，同时也把幻想带到实际的生活中"。

福建师范大学丁海东教授认为，在根本上，游戏及其自由的意义就在于为人生幼年构筑起可免受外来压力和现实强迫的保护屏障，并借由自由的体验和幻想的释放为"童年"提供一条精神旅行的通道，从而确保每个孩子的生存和成长，使孩子朝着未来的人格自然而诗意地行进。

多项研究表明，学前教育阶段幼儿的发展状况对他们一生的学习和生活具有长远的影响。中华人民共和国成立后的几十年来，我国不断出台改革措施，以促进学前教育的发展。游戏是幼儿园的基本活动，是幼儿园一日活动的重要组成，对幼儿的身心发展有至关重要的作用。幼儿园越来越重视游戏对幼儿主动学习和发展的重要价值，各地幼儿园自主游戏的开展已经蔚然成风，许多幼儿园都主动、积极地探索自主游戏实施的有效策略和方法。

一、自主游戏的本质

芬兰学者胡伊青加把游戏界定为一种完全有意置身于"日常"生活之外的、"不当真的"，但同时强烈吸引游戏者的自由活动。游戏不与任何物质利益相联系，按照固定的规则并以某种有序的方式活动在自己的时空范围内。加维列提出，游戏作为一种人类的活动，独具特征，如游戏是有趣的、令人愉快的；游戏并不具有外在目标，是自发的、自主的，需要游戏者的积极参与。

游戏分为自主游戏和手段性游戏。自主游戏是幼儿园游戏的主要游戏形式，但不是幼儿园游戏的唯一的游戏方式。自主游戏和手段性游戏都有存在的必要。

手段性游戏也称为工具性游戏或引导性游戏，可能是教师安排或指定的，教育目的性强。常见的手段性游戏有智力游戏、语言游戏、体育游戏、音乐游戏、科学游戏等。

自主游戏是指基于幼儿兴趣、个性和发展需要，有目的、有计划地创设能与之互动的环境，提供丰富的开放性材料和充裕的操作时间，让幼儿拥有自由选择游戏的权利，允许和引导幼儿自由操作、自由探索，使幼儿在自主、开放的氛围中获得主动发展的自发的活动。自主游戏强调游戏并非由教师安排或指定，幼儿对游戏拥有自主选择权和决定权，每个幼儿都拥有均等的游戏机会。在自主性游戏中，幼儿可以有自己的想法、玩法，可以有创意地玩，通过游戏体验快乐，获得发展。自主游戏的愉悦性功能和教育性功能相辅相成，不仅实现了娱乐功能，同时实现了教育功能，使幼儿能够进行自发学习。

自主游戏的主要形式有角色游戏、建构游戏、表演游戏、户外游戏、活动区游戏。自主游戏也称为开放性游戏、操作性游戏、有意游戏、自发游戏。但无论名称如何变化，其核心思想都是一致的：动手操作开放性材料，呈现实物建构作品，将自我发起的游戏过程生动地显现出来。当幼儿的手在摆弄材料时，幼儿的大脑会变得活跃，幼儿会专注于材料的使用。环境、材料与幼儿与生俱来的好奇心和学习能力的结合，会激活幼儿的大脑，建构起新的意义。

幼儿会将生活和学习活动都还原为游戏，将一切行为游戏化，将他们可以触及的事物纳入游戏的情境之中，使这些事物与游戏融为一体。大量事实说明，幼儿可以在游戏中学习，而不会把学习和游戏加以区分。对幼儿来说，好玩的学习就是游戏，课程可以生成游戏经历，而幼儿的游戏行为可以影响课程内容。由此可见，游戏与幼儿课程相结合具有重要意义。游戏不仅是幼儿园的课程组织和实施的基本途径，还是幼儿园课程不可或缺的组织框架、重要组成部分和最基本的活动形式。幼儿园游戏与课程相互交融，互为依托，"课程游戏化""游戏化课程"已成为幼儿园教学的基本模式。

二、传统游戏与自主游戏

游戏活动的开展已有几十年的历史。在传统的幼儿园游戏中，教育目标带有预设性、刻板性，教师是游戏的主导者。教师安排游戏环境、游戏材料、游戏内容等，幼儿重复着自己的角色，随教师意愿的变化而变化着。

游戏加上"自主"二字，强调的是幼儿根据自己的喜好，发挥主观能动性，主动地进行游戏的过程。与传统游戏相比，自主游戏更符合幼儿身心发展的规律，更加注重教育过程中以人为本的教育思想，凸显了教育活动的自由、平等。自主游戏已成为幼儿园游戏发展的一种趋势，也被认为是最有利于幼儿成长的教育形式。

《发展适宜性游戏：引导幼儿向更高水平发展》一书将游戏分为三种水平：混乱失控的游戏，简单重复的游戏，有目的的、复杂的、能够让幼儿聚精会神的游戏。

三、自主游戏中的幼儿与教师

自主游戏是从幼儿视角出发的游戏理念的回归。自主游戏强调幼儿的视角，要求幼儿被尊重、被信任。幼儿能自由选择，自主地把握游戏内容和游戏进程，选择游戏材料，玩自己想玩的游戏。自主游戏的主动权、话语权、选择权都由幼儿掌握。自主游戏的形式是十分随机的，游戏环境、游戏材料是幼儿自选的，游戏内容、游戏方式都随着幼儿的主观意愿在不停地动态变化。这些使得幼儿真正成为游戏的主人。

2022年3月，董旭花教授在名为《自主游戏不仅仅是放手那么简单》的网络讲座中，概括出自主游戏活动时教师引导的四种类型，即"控制型教师、包办型教师、放羊型教师和支持型教师"。其中，控制型教师、包办型教师就属于"假游戏"范畴的教师类型。

有经验的教师鹰架游戏，为幼儿提供游戏的脚手架，支持幼儿游戏达到一个更高的水平。教师对于游戏的自主性的正确理解是支持幼儿自主性发展的基本前提。教师的责任是观察并适宜的支持。教师并应该仅仅为了实现自己设定的教育目标，还应该帮助幼儿推进游戏发展，实现幼儿的游戏愿望。教师在放手的同时，要更多地关注幼儿发挥自己的自主性，引导幼儿尽可能多地进行自我选择和计划、设计和决策、自我反思和调控、自我规范和负责，促进幼儿的主体性发展，为幼儿一生的可持续发展奠定坚实的基础。

四、自主游戏的特征

（一）游戏内容体现生成性

在自主游戏中，游戏内容是由幼儿支配和选择的。幼儿因此产生了发现和需要，遇到问题、解决问题，并生成下一次游戏计划。幼儿在一次次的游戏活动中不断发展、生成新的计划，使游戏的开展能够满足幼儿的兴趣、愿望和需要。

（二）游戏环境呈现多样性

幼儿之间存在个体差异，选择在什么地点玩什么游戏是幼儿的权利。因此，创设游戏环境，要体现开放性和多样性，避免单一的环境限制了幼儿选择游戏，以适应不同幼儿的学习和发展需要。

（三）教师身份具有多重性

在游戏中，教师具有多重的身份。当幼儿遇到困难时，教师是幼儿游戏的支援者；当幼儿需要材料推进游戏时，教师是游戏材料的提供者；当幼儿需要与教师一起游戏时，教师是幼儿游戏的参与者；当幼儿不需要教师介入时，教师是游戏的观察者；当幼儿分享经验时，教师是倾听者和发问者。因此，教师在游戏中的角色是多重的，都具有积极的支持作用。

（四）游戏机会呈现平等性

在传统游戏中，教师安排幼儿的游戏。而在自主游戏中，幼儿拥有平等的机会。每一位幼儿对游戏活动都具有支配的权利，自由选择自己想玩的游戏内容，自由选择自己需要的游戏材料，自由选择要一起玩的同伴儿。教师充分给予幼儿游戏自主性，为幼儿的自主发展提供了机会。

五、自主游戏中的几对关系

（一）自主与自由

说到自主，往往要求教师管住手、管住嘴。于是，不少教师不敢插手幼儿游戏，认为给予幼儿充分自由的游戏就是正确的。有的教师以为，制定了游戏规则就是限定了幼儿的自主性，所以自主游戏不能有规则，幼儿想做什么就可以做什么，想用什么材料就可以用什么材料，只要不出安全事故，就可以尽情的自由游戏。这个观念属于走了极端。

在游戏中，给幼儿充分的自由对吗？拥有自由的幼儿就一定会自主游戏吗？自由游戏是自主游戏吗？对于这些问题，我们需要理性地看待自由和自主的关系，恰当、有效地推进幼儿游戏的步伐。

教师需要深入理解自由和自主的关系。在汉语词典中，自由是指按照自己的意愿做事，不受他人的强制干涉。但是，"自主"绝不是随心所欲，而是必须与规则并驾齐驱。规则是社会得以正常运作、人们正常交往的基本要求和保障。董旭花教授对"自由"二字给予了精准的解释，并以我国的社会主义核心价值体系为例，强调"自由和平等"。如果若没有国家的"富强、民主、文明、和谐"这一前提，也没有以"公正和法治"做保障，那么"自由和平等"就难以实现，个人层面的"爱国、敬业、诚信、友善"就更不要提了。教师要正确思考和理解自由和规则的关系，在游戏过程中就能处理好要不要"管"的平衡，也能科学把握"放手"到何种程度。

幼儿年龄小，自控能力较差。对于幼儿游戏，教师最担心的就是游戏中的纪律、安全等问题，所以，教师习惯在每次游戏之前先向幼儿提很多的要求，定下很多规则；在接下来的游戏过程中，也会"紧迫盯人"，唯恐幼儿不遵守游戏规则。这是教师关爱幼儿的一种表现，但是，教师不应该把自己的"担心"转化为规则，以此控制幼儿的游戏过程。冲突和矛盾也是幼儿游戏中必然出现的现象，这是幼儿开展学习的良好契机。

对于幼儿自主游戏中，教师应该如何制定游戏规则？

对于影响游戏正常进行的必要规则，教师和幼儿可以在活动前明确规定，一般以解决区域游戏中出现的"问题"为线索，师幼共同讨论制定规则；对于有争执的"问题"规则，幼儿可以自行商讨制定、修正解决……例如，当教师与幼儿一起商议游戏规则时，如果美工区人数已经够多了，那么幼儿就需要自己判断是否要加入这个游戏；如果游戏区域没有位置了，那么幼儿就需要与同伴儿协商，这对幼儿来说也是沟通、学习的过程，总而言之，幼儿的所有自主行为都要遵守规则。

自主与规则是相辅相成的。自主游戏不等于幼儿可以为所欲为，规则和秩序保障了游戏的顺利开展，是每个幼儿在游戏时都需要遵循的。在游戏中，教师引导幼儿学习遵守规则、学会承担责任、建构自主学习的能力，这是教师专业能力的重要体现。

（二）自主与自发

幼儿的自主游戏一定是幼儿自发进行的游戏吗？

在实践中，教师经常会看到幼儿自发生成一些游戏，如带娃娃家的小宝宝去小吃店、消防员在下班后去理发店等游戏。在幼儿自发的游戏中，幼儿自主选择了游戏内容，但是，如果在游戏过程中教师介入过多，或介入的方式过于生硬，就有可能干扰幼儿的游戏，把幼儿的自主游戏变成由教师主导的游戏。例如，在幼儿发起的积木搭建游戏中，如果教师全程指导，从设计到材料选择，到幼儿搭建技巧，那么这样的游戏很难称为自主游戏。幼儿的自主游戏应该让幼儿慢慢学会管理和调控自己的游戏，由幼儿负责探究在游戏过程中出现的问题。

教师也是游戏的一分子，是幼儿游戏的伙伴儿，也可以发起游戏。教师在发起游戏后，应当逐渐理性地退出，让幼儿自主选择环境、材料、内容，由幼儿主导游戏的进程。可见，教师发起的游戏也可以成为幼儿自主的游戏。

（三）自主游戏与幼儿发展

提到自主，有的教师不敢指导游戏了，生怕做多了，还被说理念错误；有的教师认为幼儿在游戏中愉悦、探究、交往，这样的结果就行。这些观点都严重阻碍幼儿的发展。

自主与幼儿发展矛盾吗?

自主是其中一个重要的学习品质,幼儿在活动过程中表现出的积极态度和良好行为倾向是终身学习与发展所必需的宝贵品质。幼儿在游戏中学习,幼儿有发展才是我们的目的。

图1-1　幼儿自主游戏

建构游戏对幼儿的数学有促进作用,数学中的数量、等分、面积、体积、线条、角度、对称、排序、守恒等知识在建构游戏中都能看见。游戏中蕴含了学习与发展的可能性。

只有会游戏和拥有自主性的幼儿,才能拥有积极、主动的态度和专注探究的行为。在面对困难和挑战时,这样的幼儿能够表现出不怕困难、敢于探究和尝试等品质。一个自主性强的幼儿,必然对周围的人、事、物充满好奇心和求知欲,也必然会表现出积极主动、乐于探索、求知与创造的发展本能。所以,具有自主性的幼儿会有更高水平的情感态度和学习能力。

(四)游戏与课程

游戏与课程的关系一直广受幼教界关注。如何处理游戏与课程的关系?如何既保障幼儿享受幸福、美好的童年生活,又保障幼儿学习和发展的实效?

游戏是一种适合幼儿心理发展特点的活动形式,而且游戏本身就是课程的内容。在游戏中,幼儿奔跑、跳跃、躲藏,或书写、拼搭、制作,使得幼儿的手眼协调能力、身体运动能力得到发展。游戏是幼儿自主探索和感知周围世界的主要方式,能够带给幼儿积极的情绪体验;课程是帮助幼儿建立知识框架,促进幼儿学习和发展的重要方式。在幼儿园中,游戏要与幼儿的学习、生活建立联系,教师要将游戏融入幼儿课程之中。如果只有游戏,那么幼儿将无法深入学习;而如果只有课程,那么幼儿将无法完全接受。幼儿园想要让幼儿既玩好又学好,就要将游戏与课程融合。

幼儿教育的本质是要使幼儿获得愉快的成长体验,其过程要尊重幼儿的发展规律和个体差异,尊重幼儿的兴趣和需要,这也决定了幼儿园的活动应生动化、游戏化,具有生活情境性和开放性。

有人曾经做过一个调研。针对"如果不追随教材，幼儿生成课程可行吗"这一问题，教师几乎都回答：可行。但是，当调研人员继续追问"你的班开展得怎么样"时，95%以上的教师回答：很难。列举原因：有很多的知识无法从游戏中提取；从游戏中得到的知识很零碎，幼儿学不到系统完整的知识；对教师的要求很高，目前的师资不均衡，缺乏高素质人才；教师思想固化，不愿意改变……由此可见，教师对于游戏和课程的关系还处于模糊和焦虑的状态。

1.课程游戏化

从2014年起，江苏省实施幼儿园课程游戏化建设。虞永平教授认为，课程游戏化就是让幼儿园课程更贴近生活，更生动一些，更有趣一些，活动形式更多样化一些，幼儿动用多种感官探究、交往和表现的机会更多一些，幼儿的自主性和创造性更充分一些。可见，游戏与课程可以互通。

值得注意的是，部分教师解读"课程游戏化"，认为集体教学活动也可以归入游戏的范畴。其实不然，虽然教学活动游戏化了，但是其本质还是教学。集体教学始终具有教师主导、强化发展目标、高效等特征，并不是幼儿内在动机引发的过程导向的游戏活动。游戏自主、轻松、愉悦、虚拟；而教学活动目的性强，具有教育性、规则、真实。

2.游戏课程化

当前，游戏与课程的融合已经成为我国幼儿园开展教育教学的方向，即游戏课程化。游戏课程化是指在游戏中，根据幼儿的兴趣和需要来生成课程。幼儿主动探究、思考，解决游戏中、生活中出现的问题。这些生成课程与幼儿园的基础性课程相辅相成，构成了幼儿园课程体系。

游戏课程化肩负着让幼儿健康成长和发展的任务，强调幼儿的视角和幼儿的主体地位，满足幼儿对于学习和游戏的需求。游戏是幼儿的"内需"，幼儿需要游戏就像需要吃饭、饮水等日常的基本活动，所以游戏既是手段，也是目的。游戏课程化是一个通过游戏的力量促进幼儿学习和发展的游戏链。

（五）探索性学习是游戏？

探索性学习更容易被人关注。如果按照传统观念划分，探索性学习是不能够被划分到游戏里的。例如，济南市某幼儿园的"打枣"的课程，幼儿想尽办法去打树上的枣，这个活动看似不能归如入传统的创造性游戏，但是，幼儿在活动过程中的合作和投入、解决问题的坚持性、兴趣和需要的满足、任务的自主意识、精神愉悦等与游戏并没有本质上的差别。

判断一种游戏是不是真游戏，不能简单地只看其外在的形式：有没有角色、有没有玩具、有没有严格的规则等，而应该更加关注幼儿在这一过程中的内在体验和发展：他们的兴趣是否得到满足、他们的想象是否得到表达、他们的创造力是否得到发挥，以及他们是否获得坚持成功的愉悦等。

所以，游戏的概念要放大化，基于游戏课程的饱满，基于游戏课程的充分实现，基于游戏支持幼儿学习发展的价值的最大限度的追求。游戏课程的探索和实施要求我们要打破传统游戏概念的界限，跳出以往狭隘的游戏类别划分的框架，把探索性学习也看作游戏。

第二节　自主游戏的价值取向

现代教育倡导"以幼儿为本"的教育理念，追求幼儿终生的可持续发展。每一个幼儿都是独立、有自信、有能力的学习者，都是独一无二的个体。刘焱在《幼儿游戏通论》里指出，从可持续发展的目标来看，独立性、自主性、创造性必然会成为一个人最重要的精神特质，并影响其自我成长和自我完善。自主性是幼儿游戏活动的基本特性之一，幼儿作为活动主体在与客体相互作用的过程中表现出来自主性、积极性和创造性，表现为主体对外部世界以及主体与外部世界的关系的积极主动的掌握。游戏就是通过促进主体性发展来带动幼儿身心各方面和谐发展，使幼儿真正获得积极、活泼、主动的发展的活动。游戏是促进幼儿积极发展的适宜途径。

一、游戏促进幼儿主动学习

游戏是幼儿喜爱的并能主动参与的活动。通过这样的主动活动，幼儿可以养成主动探索的兴趣和态度，主动运用视、听、触、闻、运动等所有感觉器官去认识事物与现象，获得主动学习的经验。主动学习的经验包括身体、情绪与认知活动的自动卷入，幼儿自主选择活动的方式、自主决定活动的内容和实施步骤、看见自己的能力与兴趣爱好，把已有经验迁移到其他事情上等。主动学习的经验只能在主动的活动中获得，游戏是让幼儿在主动的内驱力中主动学习，促进主动发展。

二、游戏促进幼儿社会性发展

幼儿期是自我意识和独立性初步形成的阶段。游戏为幼儿提供了发展社会交往能力的理想环境。通过游戏中的积极互动，幼儿学会了自我调节情绪。为了共同的游戏目标，幼儿与幼儿从最开始的"针尖对麦芒"的矛盾冲突，到最后友好协商、合作游戏，完整地呈现了既独立又互相合作理解、适应协调的过程。一次有效的协商、妥协，能让幼儿拥有深刻的人生感悟，如"今天你让我，明天我让你"。和平共处是一种有利于幼儿终身发展的能力。

在实践中，游戏对幼儿的规则意识发展有巨大意义。在游戏中，多个幼儿共同制定规则，并让每个人理解并遵守规则，这将保障幼儿游戏与学习的顺利开展，也为幼儿长大践行社会规则奠定基础。例如，小班的幼儿在游戏开始后，有的选择去娃娃家，有的选择去理发店。虽然没有成人的分配角色，但是幼儿能够比较快地独立选择游戏内容，独立决定去哪里玩、玩什么，独立决定游戏中的角色扮演，初步与同伴交流，使用游戏材料进行大胆想象。小班幼儿的独立性表现如此，中、大班幼儿则更为突出。

三、游戏促进幼儿创造性发展

建构主义者认为，幼儿期是一个人创造性发展的萌芽时期，幼儿的创造性在开放的游戏中得到有效的发展。自主游戏又称为创造性游戏。游戏中的每一位幼儿都具有创造的潜能，可以按照自己的想法尝试各种新的可能性，自由摆弄游戏材料，进行创造性的想象和使用，从而获得直接经验。游戏中的幼儿一般不怕冒险和失败，勇于探索与创造，有助于形成创造性的人格特征。例如，幼儿在游戏中自主生成了"海底捞火锅"，将积木、积塑、纸团等游戏材料想象成火锅店的各种食材，自主进行各种搭配、大胆想象，表现出积极主动的创造。

幼儿使用低结构材料支持游戏和学习，更加有利于幼儿提出问题、解决问题，为提高创造力提供有效方法。在与这些材料的互动中，幼儿个体通过感官探索和自我发现，将思与行整合在一起，使开放性的游戏激发出源源不断的创造力。

四、游戏激发幼儿愉悦情感

游戏是幼儿获得快乐的源泉。我国教育家陈鹤琴先生提出，幼儿之所以喜欢游戏与两方面的因素有关，即与幼儿游戏的力量和能力的发展有关；与幼儿好动的天性和游戏能够带给幼儿快感也有关。这样的描述让众多的成人感同身受。在自主游戏中，幼儿想自己所想，做自己所做，按照自己的想法无拘无束地畅玩。游戏的计划并不够严谨，或游戏过程没那么顺畅，或在游戏过程中没有成人的认可和帮助，幼儿更不会相互评判谁演得最好或最像，他们需要的只是快乐。事实上，自发的游戏场景在班级里、在操场上、在家里、在各种运动器械旁比比皆是。这种主观体验的获得有助于幼儿形成积极的自我形象和自信心。例如，在小草坡上，幼儿自发开展"滑草"的游戏，根据自己的想法和愿望进行尝试。他们从直接坐着滑草，到使用纸皮、滑草垫等材料，到使用竹梯等材料反复探索。当幼儿用不同方式完成"滑草"任务时，就能体验到由自己的努力而带来的成功的喜悦。从幼儿开心的表情和分享时的满足感，可以看出他们由游戏萌生的愉悦体验。

在生活中，幼儿难免会产生消极情绪，而游戏是幼儿宣泄不良情绪的有效手段。例如在角色游戏"核酸检测"中，一些对核酸检测有恐惧感的幼儿通过自己扮演医生、为同伴检查，发泄了对医生和检测的恐惧。幼儿还可以通过一些体育游戏，如在"打沙包"中反复捶打沙袋或者在跑步中释放不良情绪。在幼儿园中，新生入园时可能会哭闹，教师通常会带着新生在户外游戏，滑滑梯、吹泡泡、走走跑跑。在游戏的过程中，新生会被转移注意力，很快摆脱入园障碍。

图1-4　幼儿做游戏记录　　　　图1-5　幼儿玩沙水游戏

五、游戏是教师观察解读幼儿的窗口

幼儿在充分自主的游戏空间中，能够大胆地表现自己的兴趣和特点，开展自己想要的游戏。在真实的游戏中，教师能够看见幼儿的真实兴趣和关注点。例如，舞台上才华横溢、口若悬河的主持人、娃娃家里细心呵护宝宝的妈妈、搭建双子塔的工程师、建造体育馆的工人，还有旅游区的王牌导游……幼儿在游戏中扮演不同角色，幼儿的游戏行为折射着幼儿的情感、经验、个性和智慧。幼儿在游戏中能够发出的最频繁、最平常、最真实的信号，展示出他们的关注和喜怒哀乐。在游戏中，幼儿能够毫无保留的展现，所以说游戏是反映幼儿学习和发展的窗户。

与此同时，教师可以记录下大量自然状态下的幼儿游戏行为，经过多次分析和判断，观察和解读幼儿行为，寻找幼儿的兴趣点和关注点，从而推进游戏发展，促进幼儿学习。所以说，游戏是教师观察、解读幼儿的窗口。

综上所述，游戏活动是促进幼儿全面发展的适宜途径。

第三节　自主游戏的理论基础

要想实施自主游戏，教师要具有游戏理论知识，要充分了解游戏的发展史，也要了解游戏的前世、今生和未来。

一、国外的研究

（一）福禄贝尔的游戏思想

福禄贝尔是世界上阐述游戏功能和价值的第一人。他在游戏理论中强调游戏的教育价值，把游戏的教育价值提高到了前所未有的地位。他强调成人要允许幼儿自由、尽情地游戏，不可以随意干涉和破坏。福禄贝尔写道："游戏是幼儿发展的最高阶段，也是人类发展的最高阶段……游戏是个体内在的自我主动表征。"福禄贝尔将自主游戏的理论作为人类持续发展理论的基本组成部分："一个充分发挥自我决心，坚持不懈直到筋疲力尽的幼儿，肯定会是一个坚定、有决心的人。为了实现自己和他人的幸福，他是能够做出自我牺牲的。"

福禄贝尔认为，在对幼儿施教之前，要对幼儿有充分的观察和了解，顺应其天性，否则对幼儿发展不利。福禄贝尔的游戏思想指导教师在游戏中要重新定位自己的角色地位，善于观察、了解幼儿，追随幼儿的发展需要来创设支持性环境，提供适合的游戏材料，充分尊重幼儿的兴趣、能力、经验提升的需求，提高游戏质量，促进幼儿主动发展。

（二）皮亚杰的认知发展游戏理论

皮亚杰是儿童心理学的开创者，是建构主义认知理论的先驱，他对儿童认知发展的研究改变了人们对儿童的传统看法。皮亚杰认为幼儿游戏的动机是认知的发展，游戏就发生在幼儿主动适应世界的认知发展过程中。成人应根据幼儿的意愿来选择和组织游戏，幼儿可以自己来决定游戏的内容、主题，以及角色分配、规则制定等，不束缚幼儿的积极性、主动性和创造性的发展。教师不要因为幼儿自发的游戏不符合教学目标就强制其结束，要学会尊重幼儿发起的任何游戏，尊重幼儿游戏的意愿，这样才符合游戏的本质，才能发挥游戏的作用。皮亚杰强调游戏的发展水平与幼儿智力（认知）发展水平是相适应的。幼儿教育机构必须重视对幼儿各个年龄阶段的身心发展的特点的研究，以便针对幼儿发展的特点开展相应的游戏活动，但游戏内容要随着幼儿的认知发展而变化。

皮亚杰的游戏理论在现阶段看来仍是很先进的，对游戏行为具有指导意义。游戏中的成人要关注、重视和充分尊重幼儿，了解游戏中的幼儿，追随幼儿游戏。

（三）高宽课程的主动学习思想

高宽课程又名高瞻课程。早期的高宽课程由美国高宽课程教育研究基金会开发并在三十多个国家成功推广。其课程内容由主动学习、师幼互动、日常生活、学习环境和评价等要素构成，处于核心地位的是主动学习。高宽课程主动学习本质的四个要素为：幼儿直接操作物体，幼儿对自己的行动结果进行反思，学习动力来自幼儿内在的需求，幼儿在解决问题的过程中建构自己对世界的理解。

在高宽课程的"计划—工作—回顾"的学习程序中，教师有意将幼儿发展的关键经验物化为活动材料和情境，让幼儿在区角自主游戏活动中通过与环境、材料、他人的互动获得学习经验和能力发展。高宽课程所倡导的"游戏"是自主性游戏的一种典型形态。

高宽课程强调让幼儿掌握学习的主动权，幼儿是活动的主体，这为幼儿自主游戏提供了有益的借鉴和现实思路，产生了深远的影响。

（四）其他

芬兰学者胡伊青加把游戏界定为一种完全有意置身于"日常"生活之外的、"不当真的"，但同时又强烈吸引游戏者的自由活动。游戏不与任何物质利益相联系，游戏者在游戏中无利可图，游戏按照固定的规则并以某种有序的方式活动在一定的时空范围内。加维列提出，游戏作为一种人类的活动独具特征，如游戏是有趣的、令人愉快的；游戏并不具有外在目标，是自发的，也是自主的；游戏需要游戏者的积极参与。马斯洛提出，游戏是游戏者自我实现的一个主要途径……

二、国内的研究

（一）陈鹤琴的游戏理论

陈鹤琴认为，幼儿的游戏就是工作，工作就是游戏。"游戏的直接用处，虽只是寻求快乐，然而间接的用处则更大，因为它可以发展幼儿的身心，敏捷幼儿的感觉，于幼儿的生活有莫大之功益。"[①]具体来讲，陈鹤琴总结了游戏具有如下价值：发展身体，养成公民应有的品质能使脑筋锐敏，为休息之灵丹。

陈鹤琴先生提出要遵照"活教育"的精神办幼儿园，必须"以自动代替被动"，

---

① 赵娟，唐雅妮.陈鹤琴教育思想三十解.太原：山西人民出版社，2018.

幼儿"自动的学习、自发的学习"，自己去获得知识。教师必须尊重幼儿的自主性，不能采用传统的注入式教学模式，也不能消极地管束幼儿。这与自主游戏的理论非常相近。

（二）安吉游戏的启示

二十几年来，安吉幼教人持之以恒专注于游戏研究，探讨放手游戏，力求还幼儿快乐游戏。美国宾夕法尼亚大学客座教授切尔西·贝利博士先后多次走进安吉。2014年11月1日，由切尔西·贝利博士牵头起草的《安吉游戏国际推广计划》正式实施。美国、加拿大、澳大利亚和新西兰等国家12位学前教育与游戏专家组成专家委员会，负责向国际早期教育联盟、国际游戏联盟和各自国家推介此计划。至此，安吉游戏走出国门，在世界范围内产生广泛影响。

2019年5月，"安吉·真游戏"国际研会在浙江省安吉县召开，国内外学者共同交流世界幼儿早期学习的前沿研究成果，分享"安吉游戏"经验。时任教育部基础教育司副司长姜瑾在讲话中提出，"安吉游戏"是在中国学前教育快速发展背景下率先在县域层面实现学前教育普及普惠和优质均衡的典范，对中国学前教育改革发展具有广泛、深刻、里程碑式的意义，给中国学前教育带来了一场深刻变革。

2020年1月14日，世界经济论坛发布的最新报告《未来学校：为第四次工业革命定义新的教育模式》认为：注重个性化、自主学习的中国"安吉游戏"课程引导了一场真正的幼儿主导的学习和发现革命。

安吉游戏经历了无游戏到假游戏，最后到真游戏的历程，以"爱、冒险、投入、喜悦、反思"为关键词界定了游戏的理念，提示所有的教育工作者必须重新看待幼儿的游戏与学习。教师只有转变幼儿观和幼儿学习观，才有可能真正改变自己的教育观和教育行为。

（三）游戏的法规

2001年《幼儿园教育指导纲要（试行）》、2016年《幼儿园工作规程》都强调"以游戏为基本活动"，2012年《3-6岁儿童学习与发展指南》提到"珍视游戏与生活的独特价值"，2022年《幼儿园保育教育质量评估指南》强调了以游戏为基本活动，要求确保幼儿每天有充分的自主游戏时间，因地制宜为幼儿创设游戏环境，提供丰富适宜的游戏材料，支持幼儿探究、试错和重复等行为，与幼儿一起分享游戏经验。

纵观幼儿游戏理论及整合幼儿游戏特性的各类研究，尽管表述的语言、思想不尽一致，但它们都一致认为：一个人从童年到成年，游戏一直存在；游戏不具有功利性和目的性，是幼儿发展需要的；教师要尊重幼儿，让幼儿成为游戏的主人。

在课程建设中，教师要注重为幼儿创设一个有关游戏的环境，为幼儿提供基于兴趣和需要而进行自我选择的机会，引导幼儿按照自己的意愿在真实的游戏环境中自主、愉悦、生发和创造，增强自我效能感。

第四节　自主游戏的现状、困境

一、自主游戏开展的问题分析

自主游戏是教师根据教育目标和幼儿发展水平，以幼儿感兴趣的活动材料和活动类型为依据，有目的、有计划地投放各种材料，让幼儿按照自己的意愿自主选择游戏内容、材料和伙伴儿，通过与材料、伙伴儿的充分互动而获得学习和发展的一种形式。

在实践中，笔者发现，自主游戏存在一些问题，以至于无法充分发挥自主游戏所蕴含的教育价值，阻碍了幼儿主动发展。

自主游戏在开展中存在的问题主要有以下几个：

（一）游戏设置——重视外在形式，轻视幼儿需要

在角色游戏设置上，多数教师习惯根据自己的想法划分区域，如划分娃娃家、理发店、小吃店等。游戏区学习的设置是固化的，教师可以根据不同区域发展的目标来进行二次划分，如美工区、科学区、操作区、数学区和语言区等，在二次划分的区域分别开展对应幼儿不同领域发展的游戏区内容。创设的形式要注重美观，却容易忽视这些区域是否符合幼儿的意愿、兴趣。如果区域划分缺乏幼儿立场，那么这些被教师精心美化过的游戏区就会更像一种装饰，使得幼儿不能积极、主动地参与自主游戏。例如，语言区布置精致、墙面美观，有舒适、温暖的阅读角落，有充足的绘本，却没能吸引幼儿进行深度学习。探究原因，对于一些书籍幼儿不感兴趣，如文字过多的科普类书籍、适合低龄幼儿的洞洞书等不符合幼儿的发展需求，所以，幼儿对这些显得非常淡漠。因此，游戏区过度注重形式的美感，却没有关注幼儿的兴趣、发展需要，这是教师必须反思的问题。

（二）游戏内容——重视学习，轻视游戏

游戏区内容的设置一般更强调学习性，每个材料都有明确的教学目的。教师在开展集体教学活动之前，可能会在游戏区投放相关材料，让幼儿熟悉材料为集体活动做经验准备；教师在学习某方面的内容后，也可能到相关区域让幼儿进一步巩固学习内容等，作为教学活动的延伸和补充。例如，数学区内的"感知10以内数的分解组成"，

活动目标指向在操作中感知 10 以内数的分解组成。但是，材料投放有侧重学习性和游戏性之分。第一组材料选择玩保龄球，再来记录游戏体验，侧重游戏性的内容；而另一组材料选择操作珠子，将珠子分一分，将结果记录在作业单上，明显呈现单一的学习性。操作珠子虽然易被幼儿所选择，但操作时间不持久，一般不到 5 分钟，幼儿就可能离开该游戏。究其原因，这些具有特定学习目标和规则的操作活动缺乏趣味性和操作性，幼儿在实践中容易产生被动情绪，导致积极性受影响，无法产生兴趣。

（三）材料投放——重视种类多样，轻视幼儿需求

材料投放是自主游戏成功开展的重要因素。一些幼儿园存在游戏区材料投放方式失当的问题。

1. 缺乏动态性

有的班级存在游戏材料固化的问题，即材料长期不变，有的材料一放就是一学期。毫无变化的材料不能吸引幼儿主动参与活动，无视了"幼儿是不断发展着的"这一典型特征。

2. 缺乏探究性

经济条件好的幼儿园可能会提供精美、昂贵的高结构化的材料。随着任务的结束，这类材料的功用就消失了。有的幼儿园提供的是一些简单的游戏材料，玩法单一，缺乏探究性，材料间无联系，与幼儿生活不密切，不能满足幼儿在游戏活动中的需要。这样的材料会导致幼儿的活动时间不够持久，幼儿的专注度就不够，从而阻碍了幼儿自主游戏的深入开展。

3. 缺乏层次性

一些幼儿园在游戏区材料的投放上，忽视了幼儿的年龄特点和兴趣需要，缺乏层次性，使幼儿对教师提供的材料缺乏兴趣，没有发挥幼儿自主游戏应有的作用。各年龄段幼儿年龄特点不同，他们的身心发展表现出不同的特征。随着年龄的增长，他们的经验和认知有层次的发展，游戏材料要适应他们的年龄特点，符合各个层次幼儿的需要。例如，揉纸团和包糖果的动作发展对大班的幼儿来说过于简单，忽视了幼儿发展的年龄特点，无法满足幼儿发展需求，缺乏更高层次的挑战。

同一年龄的幼儿也有不同的发展水平，同样的游戏材料不能满足所有幼儿的需求。教师要有针对性、层次性地分类投放，否则投放的游戏材料就有可能局限游戏的玩法，也会阻碍幼儿的主动学习和发展。

（四）游戏时间——重视教学时间，轻视游戏时间

大多数幼儿园每天都能安排超过 2 小时的户外活动时间，至少有 1 小时的幼儿自

主的游戏；81%的幼儿园每天会有超过1小时的室内自主的区域活动时间。经过多年课程改革，《幼儿园纲要（试行）》和《3—6岁儿童学习与发展指南》精神的落实很有实效，多数幼儿园重视改革一日活动内容和作息时间安排，能够保障幼儿每天有充足的时间进行自主游戏。

但是，还有一些幼儿园对于幼儿游戏的认识不足，幼儿的基本游戏时间得不到保障，"以游戏为基本活动"还处于口号状态。例如，幼儿每天户外的活动时间不到2小时，活动内容主要是做操和由教师组织进行集体游戏，这样的幼儿园占比达12.4%；幼儿每天自主的室内游戏时间不足0.5小时的幼儿园占6%；全天幼儿自主活动时间不足1小时的幼儿园占比高达19%。集体教学活动仍然是幼儿园最重要的活动，有14.5%的教师表示"没有时间游戏，因为课程安排太多"。

（五）教师指导——多把控或放任，少有效介入

幼儿自主进行游戏，但也离不开教师的指导。但是，许多教师在游戏中的指导不尽如人意，主要有以下问题：

1. 过度高控

这是指在游戏中，教师缺乏等待和观察，过多或过早干涉幼儿的游戏。例如，当幼儿在游戏中出现小矛盾、幼儿对游戏失去兴趣、幼儿遇见问题困扰时，一部分教师就可能会在缺乏细致观察、科学分析的情况下，急于引导，以自己的经验"指挥"幼儿即刻解决目前的问题。这样的指导看似解决了问题，却隐藏着诸多不足。教师的高控干扰了幼儿的游戏活动，幼儿因此失去学习解决问题的机会，还会遏制幼儿的主动探索能力。

2. 过度放手

这是指教师对游戏中的幼儿仅"观"而无"察"，除了保证安全问题，对幼儿游戏没有任何干预。近年来，幼教界最流行"放手"二字，盲目推进幼儿游戏的自发性，将游戏的"自由"错误理解成"放任自流"。这类教师看见了幼儿游戏中的行为，却没能真正帮助幼儿解决问题，没能抓住有效指导的契机。教师在幼儿游戏中的角色形同虚设，错失了推动幼儿进一步发展的可能性。

3. 思考较少

当前，部分教师对自主游戏中幼儿深度学习形成的思考较少，忽视了游戏中的学习。教师虽然会对幼儿游戏进行一定的观察介入，但是，对于一些可以深入探究的、幼儿感兴趣的、可以生成深度学习的内容缺乏敏感度。例如，当幼儿对影子感兴趣的时候，教师并没有及时根据幼儿的兴趣点进行深入探索的活动。教师对自主游戏中幼儿深度学习思考较少的原因主要有：教师的工作比较繁忙，没有充足的时间去思考幼

儿的深度学习；教师对于深度学习方面的知识比较缺乏，不知道从何入手；教师经验不足。

（六）幼儿游戏——多盲目，少计划

自主游戏以幼儿为主体，幼儿根据兴趣和能力自主选择、自主活动。在游戏中，常常可见的是空洞无物的"计划—行动—反思"，游戏水平低下。

1. 盲目跟从

有的幼儿在选择游戏时，看到前面选择的幼儿玩什么，他们就会玩什么，没有自己的主见，也没有计划，或是计划没有指向性。

2. 无所事事

有的幼儿在自主选择进入游戏时，可能会由于游戏简单、重复，游戏水平低，对自己玩什么、该怎么玩、和谁玩感到茫然，行动没有具体环节和步骤。

3. 缺乏深度

有的幼儿在进入游戏时，会随之开始游戏和学习的行为，但这些行为都是很浅层的，一下子就结束了，幼儿缺乏问题意识，也缺乏深入思考和探究，无法开展深度学习。

4. 严重偏区

有的幼儿在很长的一段时间中都在建构区建构，对其他的游戏区全都视而不见。严重的偏区现象可能会造成幼儿发展不均衡。

（七）活动分享——多形式，少深入

分享环节是幼儿园游戏实施的重要组成部分。分享活动的一个重要部分就是评价。评价能够促进幼儿的学习和发展，评价做不好，幼儿就无法深入思考自己在活动中的行为，也无法体验游戏的成功感，从而让可能呈现出来的有益经验戛然而止，幼儿进而可能会失去在自主游戏中深度学习的可能。

在游戏中常见的关于评价的问题有以下几种：

1. 无评价

有的教师在游戏时间即将结束时，为了进行下一个活动环节，便会催促幼儿整理玩具材料，使得游戏因缺少评价而显得虎头蛇尾。

2. 笼统概括的评价

有的教师在开展活动评价时，会根据自己的经验对幼儿活动情况进行评价，如"今天某某区的小朋友表现得很好，某某区的小朋友表现得不够好"，这种评价缺乏针对性、系统性和完整性，仅局限于对全部幼儿活动情况进行笼统概括，而对幼儿在活动过程中的活动情绪、能力表现、社会交往和语言沟通等方面缺乏有效的评价。

3. 模式化的评价

有的教师的评价已经形成固定模式，在每次游戏后，提出的问题都是诸如：你今天和谁玩？做了什么事情？这种模式化的评价方式会让幼儿对游戏缺乏"回顾"的兴趣。

4. 幼儿自评和他评

此外，还有的教师会采用幼儿自评和他评的方式，但由于教师没有正面的引导评价方法和幼儿不成熟的自我意识，导致幼儿喜欢肯定自己而否定他人，让评价无法体现真正的作用。

总之，从自主游戏中存在的问题可见，无论是游戏设置的形式、游戏内容的性质、活动材料的投放、幼儿的游戏过程、教师的指导方式还是游戏评价等方面，问题大多数聚焦于教师。教师是支持幼儿自主学习的关键因素。

二、如何让家长认同游戏中的学习和发展

在现阶段，尽管自主游戏已经成为风靡幼儿园的一股热潮，但在实际开展的过程中，教师可能会遇到各种各样的困境和挑战。在传统观念中，自主游戏与幼儿园学习活动、生活活动、户外活动割裂开，缺乏联系和整合，"游戏"和"学习"成为两种截然不同的活动。幼儿园保证幼儿的游戏时间，但游戏时间一过，教师就会变成一个教育者，按照自己的预设开始实施教育活动。

从古至今，教师就是"传道、授业、解惑"之人，即教幼儿做人，做有德之人，教幼儿学业知识。在家庭中，幼儿的爸爸妈妈、奶奶爷爷、姥姥姥爷都会教授幼儿知识，如认字、学拼音、讲故事、学英语、学数数、唱童谣、背诵古诗词……我们不得不承认这种教育传统具有强大的力量。

幼儿园是学校系统的一部分，同样秉承的教育传统是"教书"和"育人"。由于游戏中幼儿的发展有滞后性，学习和发展并不能在当下马上被发现。幼儿身心发展和幼儿教育具有特殊性，游戏对幼儿发展具有重要性，这些观点都需要与成人文化中对"教书"和"学习"形成比较。这就是"学习"的传统教育与自主游戏的观念冲突。

据调查，家长对自主游戏存在如下疑问和误解：

幼儿园是教育机构，幼儿是来学知识的，不是单纯来玩的。游戏就是玩耍，是学习活动后的一种消遣，幼儿不能光玩不上课。

幼儿园就是只管吃喝和玩，什么都不教。

幼儿玩野了，不爱学习了，坐不住了，上小学怎么办？

幼儿在游戏中有学习吗？就算有，他们获得的也是零散的知识经验，这对他们入学以后的正式学习有用吗？

幼儿没轻没重，玩那么危险的游戏，出现安全问题怎么办？

……

家长的担心不无道理。要想推进幼儿园自主游戏深入开展，家长的支持和助力非常重要。关于游戏与学习的关系，幼儿园需要与家长达成共识，才能更好地开展自主游戏。

游戏和学习能结合吗？其实，游戏与学习从来就不曾分开。游戏中有学习，学习推动游戏。游戏作为幼儿自主学习的契机，是幼儿学习的起点，其价值在于满足幼儿反映成人现实生活的愿望，还可以让幼儿通过角色扮演来熟悉生活，了解社会。同时，教师在幼儿游戏生成的问题与冲突中应该走近幼儿，因势利导，让幼儿主动学习对待周围的社会、人和事物的正确概念和态度，让幼儿在游戏中获得有效发展。

要想让家长理解并接纳游戏课程，幼儿园就要让家长看见游戏中的学习。幼儿园可以开展各种活动争取家长的理解和认同，为家长普及《3—6岁儿童学习与发展指南》的精神、开展丰富多样的游戏体验活动。家长可以玩一玩游戏，体验游戏，感受游戏，从而发现游戏的价值。例如，如果家长能够和幼儿一起玩建构游戏，那么家长就会发现积木的任意组合的特点，发现幼儿在其中解决、探究问题，发现幼儿在游戏中的合作及冲突解决等，感受在游戏中学习及成功的喜悦。有了完整的体验，家长自然就能把游戏及游戏价值建立起来。

图 1-6　家长和幼儿一起玩角色游戏

三、如何保障自主游戏中的安全

以独生子女政策为起点的中国式育儿，家人 24 小时陪伴幼儿。父母、祖辈、保姆等无微不至的看护，舍不得让幼儿有任何受伤的风险，当然也不会放手让幼儿独自外出玩。自 20 世纪 70 年代以来，幼儿的自由活动、不受监督地玩耍的范围半径比原来缩小了 90%。城市中的家长几乎没人会让幼儿自己下楼去玩，哪怕是在一个安全的、封闭管理的小区。这种养育观念和行为的结果，就是家长对幼儿的安全越来越不放心，而幼儿个人的行动能力和自我防护意识及能力也越来越差。

在幼儿园，管理者和教师都会把安全放在一切工作的首位。幼儿因为动作发展不好、运动能力差、自我防护意识低等原因，在群体游戏中容易发生受伤事件，而这些事件都可能被家长无限放大。于是，幼儿教师便越发小心起来。这也使得自主游戏的开展难上加难。

自主游戏意味着幼儿有充足的自由来选择游戏场地、游戏内容、玩具材料和玩法，这也就意味着幼儿需要承担一定的安全风险。幼儿具有活泼好动的天性和爱运动的本能，喜欢打打闹闹，分不清轻重，有时很难把控局面；加上幼儿的能力和经验都有限，对自己的行为后果缺乏预见性，所以，幼儿自主游戏的安全风险较大。

笔者通过问卷调查发现，无论是在室内还是在户外，教师都不敢让幼儿随意活动，怕出安全问题的占80.3%。这就意味着幼儿一日活动的各环节都被教师严格看管着，幼儿很难自主行动。

长远地看，成人的过度保护容易对幼儿的发展形成禁锢，严重伤害幼儿的身心健康。幼儿需要在活动中提高身体素质，以提升动作的灵活性、协调性、平衡性、柔韧性、速度和力量，避免今后在运动和生活中遭受更多的失败、承担更大的风险。幼儿也需要在自主游戏中探索运动风险临界点和自己的力量极限，积累保护自己不受伤害的经验。

四、如何抓住游戏中有价值的问题

在自主游戏中，每天都有令人欣喜的"哇时刻"。但是，这些精彩会宛如流星一般逝去。如何抓住这些有趣的"哇时刻"，让它们成为幼儿深度学习的契机，是令教师头疼的问题。这个契机也许只是在幼儿游戏中的一瞬间，也许就在教师观察、分析的行动中。

为解决这一问题，笔者组织过一场教研活动，请教师说一说"自己发现的有趣、有价值的却不知如何推进的游戏"，全体教师集思广益，一起思考推进办法。

【教研主题】说一说那些有价值的却不知如何推进的游戏

【教研目标】分享"哇时刻"，共同讨论：幼儿已有经验是什么？幼儿想探究什么？下一步教师可以为幼儿做什么？

【教研过程】

1. 方老师提出问题

幼儿用石头在地上摆出了一条路，连续好几天的摆法都没有变化。幼儿觉得用石头来搭建很有意思，说明幼儿对这样的路是有经验的。接下来我不知道应该如何支持和推进。

教师开展研讨

李老师：我认为可以对幼儿说："你想搭建什么样的路？"接着请幼儿画下来，再问："你需要什么材料吗？要在哪建？谁来建？"

张老师：这时幼儿的需求会有很多，应该按照需求提供可变化的材料促进更丰富的操作。

主持人：发现"石头路"这一时刻，让你"哇"的是什么？

方老师：令我吃惊的不仅是弯弯曲曲的石头路，还有上坡和下坡的设计。

陈老师：石头拼出上坡和下坡其实挺难的，对幼儿的想法一定要肯定。但是，要突破还需要新材料。我们可以问幼儿，为什么这么做，用什么样的方法可以做完，怎么把想法实现。

主持人：如果没有与幼儿互动，幼儿就是在重复自己的熟练动作，方法一直没有变化，结果就是一样的。

小结

发现"哇时刻"需要倾听、关注、分析、记录。判断出"哇"当中的技能、情感和态度，然后与教师预想的目标结合，预设可能性。教师学会用"已知、能知、可以"的思维习惯及时回应所看到的亮点，并调动自己的专业知识、学科知识等，给予幼儿巧妙的支持。

2. 苏老师提出问题

建构游戏中，女生特别爱搭建城堡，喜欢当城堡里的公主。我请大家帮我分析，怎么支持让这个游戏更丰富？

教师研讨

陈老师：我们套用刚才的思维想一想，"已知什么？还能知道什么？我能提供什么帮助？"

张老师：女生喜欢当公主，其实更喜欢角色表演，但她们对公主这一角色具体做什么并不清楚，只想着打扮得漂漂亮亮的。对用什么帮助自己完成角色，角色之间可以发生什么故事，幼儿其实并没有深入地思考。

陈老师：说得对！情节、故事、道具等，我们可以从这几个方面试一试。

姜老师：我们知道了幼儿不同的兴趣点，下一步我们还能为他们做什么？

苏老师：在道具上给他们提供支持，如表演区的材料挺适合的。那在情节、故事方面怎么能玩得更有趣？

李老师：你们班里有一个大房子，它能派上用场吗？

苏老师：大房子已经被利用起来了，幼儿喜欢把那当成家。

主持人：当教师投放新材料时，要想到幼儿如果选择这个材料可能会发生什么。

如果暂时还不明白幼儿的需求是什么，就要从观察到倾听，进入游戏去思考、去发现。

小结

在游戏中发现出发点，借助教师组织游戏的宝贵经验，用有趣的提问促进幼儿思维，说出自己的想法和需求，提出教师的建议，共同建构探究式游戏。

教研总结

经过今天的分享、共同研讨，教师们达成了共识：教师要关注幼儿的游戏，了解他们的兴趣点。通过师幼谈话，了解幼儿已有的知识经验，倾听他们的想法，在他们的已知经验中发现最近发展区，并提供适宜的材料不断推进活动的延伸。

（案例提供：厦门市同安区朝阳幼儿园中班段教研组）

现代教育提倡教师要把眼光放在了解幼儿已经达到的水平和预测幼儿可能达到的水平上，这样教师在组织活动时才可能做到使课程"既适合幼儿的现有水平，又有一定的挑战性"，以最具影响力的环境要素去引发幼儿的认知冲突。当幼儿在游戏中实地考察、尝试新想法时，课程就在其中生发出来。

第五节　自主游戏中幼儿深度学习存在问题

一、忽视自主游戏中幼儿深度学习的开展

在自主游戏中，教师如果对幼儿深度学习的理解不深，便难以评判是否具有学习的价值，也就容易忽视该学习的开展。经过调查发现，教师忽视自主游戏中的深度学习的原因有两个：一是与教师缺乏专业的理论知识有关，教师如果缺乏专业引领，那么对幼儿深度学习的引导也就会只停留在"表面"；二是幼儿园一日活动的安排丰富且紧凑，自主游戏的时间不充足。有的幼儿会选择他们深感兴趣但教育价值不高的简单游戏，有的幼儿因受时间所限，学习无法深入。

二、缺乏对幼儿深度学习在自主游戏中的思考

通过调研分析可以发现，一些教师对游戏中学习契机的挖掘、思考不够深入。在一些自主游戏中，虽然教师根据幼儿行为生成相关课程，并给予幼儿支持、指导，但是课程目标比较浅显，缺乏对深层次目标的设定和对课程的思考。例如，当幼儿玩"影子"游戏时，幼儿能够发现影子的长度和方向随着时间变化，如果教师并没有深入挖掘游戏中蕴含的测量、记录、光影等知识，那么幼儿就不能深层次思考与影子相关的

知识。而造成这些问题的原因，与教师因日常工作繁琐而对课程思考太少有关。

三、对幼儿深度学习中的知识迁移和运用指导不足

当幼儿处于深度学习状态时，如果教师对其知识迁移和运用的指导不到位，就会致使幼儿在知识的移动和运用过程中因能力不足而无法有效地解决问题，新知识的获取也势必受到影响。

四、引导幼儿发现和解决问题的深入学习不到位

在深度学习过程中，幼儿可以通过发现问题，探索解决问题的方法，提升解决问题的能力，这也是深度学习的一个根本目标。其中，教师的有效引导至关重要。从实践调研结果来看，教师多是单纯地让幼儿凭兴趣参与游戏，幼儿无法从游戏中发现问题。例如，在户外游戏"我是汽车小司机"中，"小司机"都知道"靠右行驶"，而一些幼儿分不清左右或是分不清对面的左右，因此站错了队伍。此时，教师多是单纯地提醒幼儿站错了，但并没有引导幼儿思考"为什么只能站右边""面对面的右边一样吗"等问题，从而失去了向幼儿讲解靠右行驶与中国行为习惯有关等知识的机会。

第六节　游戏中的深度学习

1976 年，马顿与萨尔乔在研究幼儿阅读过程和阅读方式的时候，根据幼儿获取和加工信息的方式的差异，将幼儿的学习分为深度和浅层两种状态，最早提出了深度学习和浅层学习两个概念。深度学习是运用思维和探究解决问题的学习方式，通过"运用、分析、综合和评价"，获得对知识的深刻理解。深度学习中的幼儿更善于主动地思考和寻找解决方案，自己解决问题，在问题解决的过程中实现知识经验由浅入深的突破，属于高级认知层次；而浅层学习则更多地是采用灌输式、机械式的学习方式，幼儿的认知水平停留在浅表的层面，属于低阶认知层次。

浅层学习可能产生三种知识：一是惰性知识，这类知识存在头脑中，但对于学习和生活并无用处，只在偶然状态下被提取，如在交谈和考试中被提取；二是幼稚型知识，即对知识只是浅表的认知，缺乏深入的理解，即使反复学习过，仍然处于低直觉对知识产生表面的理解；三是模式化知识，只是死记硬背解决问题的步骤，而不理解为何使用该步骤。这三种知识属于"脆弱知识"。

一、游戏中的浅层学习

在现阶段，教育界大力提倡深度学习，认为浅层学习不利于幼儿的主动发展。那浅层学习都是不好的吗？

我们经常将浅层学习视为与深度学习相对的一种学习方式，认为浅层学习是由教师主导的，对幼儿来说是被动的学习，包括强制的记忆以及机械、反复、枯燥的练习等。在幼儿园教育中，浅层学习形式常见的有背诵儿歌和诗歌等。当幼儿在学习中用一定的时间去背诵时，他们便能借助背诵来记住这些内容。这时，如果教师加入了一定的引导，如讲解内容、图片提示等，那么幼儿理解了内容，背诵的速度将更快。语言的学习不仅仅需要口腔肌肉训练这类浅层学习，还需要适当的认知方面的深度学习。

当前，幼儿园教育中的浅层学习具有重大意义。浅层学习是高效的、准确的，浅层学习的知识是一种具有概括性、经验性的知识，具有奠基的作用。例如，学习律动、学习绘画等，都需要幼儿有一定的基本功，在这个基础上，幼儿才可能更好地发展和创造。对于简单的认知类知识，幼儿采用浅层学习也是足够的。例如，幼儿看到老虎的图片，成人告诉他们这是老虎；幼儿看到花菜，成人告诉他们这是花菜，幼儿记住了，这就是有效的浅层学习。幼儿跟着视频学习律动，一遍一遍地练习，把律动的动作记下了，就能自如地舞蹈。幼儿只有在无数次的浅层学习中反复、无意地发现和积累，才有进行深度学习的可能。

浅层学习在人一生的学习中是具有重大意义的。

二、浅层学习与深度学习的平衡

对幼儿来说，深度学习和浅层学习是两种不同的学习策略。人的思维经常会陷入非此即彼的极端对立状态，其实，在人的学习生涯中，深度学习和浅层学习都是必要的，还必须是适度、均衡的。然而，在现阶段的实践中，我们大力提倡深度学习，深度学习与浅层学习出现失衡。

这种失衡表现在：幼儿园过分强调深度学习，有的教师认为不管哪门课程都要进行深度学习，甚至不敢开展教师主导较多的集体教学。其实，在幼儿期，有些学习并不需要刻意地探究。例如，教幼儿学习语言、阅读、动作、唱歌、握笔、简单常识等，这些运用机械的浅层学习即可，并不需要设置问题情景让幼儿进行深入探究。一些基本的社会性发展，如幼儿的行为礼仪、规则和习惯类的培养，在生活中潜移默化学习就可以，并不需要特别去运用深度学习。

三、自主游戏中的深度学习

（一）自主游戏与深度学习的融合

在游戏中，幼儿在教师的支持引导下，围绕某个他们感兴趣的问题进行研究和探索，在探索中发现知识、理解意义、建构认知。而深度学习是一种基于问题解决的学习，也是一种基于实践探究的学习。自主游戏与深度学习的特征十分相似：真实的问题情境、从幼儿的兴趣与需要出发、在幼儿的最近发展区、幼儿利用已有经验解决问题、成人提供鹰架支持等。

深度学习的基本流程为设计方案、发表意见、讨论修正、争论辨析、实践探索、结果分享。这一流程与自主游戏的"计划—工作—回顾"有异曲同工之处。

在游戏中，学习强调开放性、生成性和灵活性，主要采取小组活动的方式，有时也有个人或集体的活动。这样的学习强调动态过程，就像一趟不知目的地的旅途，可以向不同的方向出发。幼儿被学习任务带入具体情境，在学习讨论中是主体，他们的体验感越强、参与感越强，他们参与的程度就越深，他们学习的收获也就越大。

图 1-8　搭高塔游戏

在一次教研活动中，笔者拿出一个游戏案例。在上图中，黄衣服女孩反复垒高积木。她垒到高处够不着了，正在犹豫间，老师给了她一把椅子，告诉她可以站在椅子上继续垒。再够不着了，老师还可以把她抱起来垒……

在这个游戏中，是否存在深度学习呢？

有的老师认为这个案例没有体现深度学习。在发现问题、解决问题、迁移经验方面，这个案例也没有很好的体现。在这个案例中，虽然幼儿的游戏兴趣很高，目的明确，但没有高阶思维的体现。老师及时给予了孩子支持，却忽略了鼓励孩子自己想办法解决问题。

有的老师认为，这案例有深度学习的萌芽在发生，虽然只是单纯垒高积木，但在这个过程中，幼儿在不断想办法，在不断垒高积木。在这个案例中，教师的暗示与介入指导，使教师能够与幼儿共同解决问题。深度学习是一个循序渐进的过程。针对单一的垒高的技能，教师如果能提出一个高水平的导向性问题，如怎么让高塔不倒？就可能进一步促进孩子深度学习。

有的老师认为，在这个案例中，幼儿的游戏有聚焦性，幼儿能够不断想办法解决问题。教师层层递进地介入。从语言到工具的暗示，再到老师的举高，给幼儿带来了兴奋和满足感。同时，该案例有同伴合作的体现，紧扣深度学习和自主游戏的精神。只要是幼儿在原有水平上有了发展，就说明案例中有深度学习，需要同伴关系和师幼关系的共存。

最后，笔者找出叶平枝教授的点评与各位读者分享：

一方面，该案例体现了深度学习。幼儿有积极解决问题的体现，也有高阶思维的体现；有经验的迁移，也有教师的支架，如椅子的提供、语言引导、行动合作。但是，教师的支架是否有智慧性？幼儿的学习是否过于单一？这些问题需要进一步的探究。

另一方面，该案例中的学习不完全算深度学习。孩子仅停留在积木"垒高"的技能水平，尽管借助了椅子、同伴儿和教师，但并没有突破垒高这一技能层次。如果能在幼儿的最近发展区有更高水平的探究，那就更好了。此外，老师介入得太早了，没有给幼儿更多时间去思考如何垒高，也没有给幼儿多样化的表现留白。在该案例中高阶思维过于单一和狭窄。

（二）游戏课程化

幼儿的游戏过程让我们坚信：学习与游戏是可以相互转化的，即游戏课程化。当教师能够敏感地觉察和关注到幼儿在游戏中表现出的学习兴趣和需要时，当教师能够适时地加以引导或支持帮助时，课程就会在游戏中获得进一步的发展。教师要让大多数幼儿的兴趣和热点成为课程生发的依据，促使教师在选择课程时摒弃传统的"教师预设"模式，逐渐确立"幼儿视角"的思路；力求课程既是幼儿感兴趣的、适宜的，又是有价值的、有挑战的；力求课程既能引发幼儿主动学习，又能促进建构式学习的过程，且对幼儿的生活、学习与发展起到直接的积极作用。

（三）幼儿的主体性

幼儿是学习的主体。教师要从幼儿的已有经验和实际水平出发，帮助幼儿经历知识的发展和建构，促使幼儿主动思考，发现和建构知识，体验探究的过程。如果幼儿缺乏主动性地学习，忽视了幼儿内心对学习的真正兴趣和理性体验，教师采用强制、填鸭式教学的方式，幼儿机械地接受间接经验，这些都无法吸引幼儿，也都不符合幼儿需要，这类学习都不能引发深度学习。

幼儿成为学习的主体的重要标志是能够充分自主。幼儿要主动参与、主动探究、自由选择、自主操作，以及进行多元的表达，积累经验，收获成长。幼儿园课程倡导幼儿在丰富的经历中，充分发挥主动性，实现有效的深度学习，获取内化的新经验。这样的主动学习不仅能够让幼儿获取新知识、建构新经验，而且能够使幼儿通过主动学习，体验多方面的知识，德智体美劳五育并举。基于幼儿主动性的学习是深度学习的前提。

幼儿要主动对自己的学习进行决定、管理，成为一位主动、快乐的学习者。幼儿的学习如果是积极主动的，不需要成人的奖励，那么他们也会努力去做好。这时，如果成人拿出糖果等奖励，则反而会改变幼儿的学习动机，使幼儿从主动学习转变为获得奖励的动机。这样的奖励反而干扰了幼儿的深度学习，甚至可能会使幼儿变得功利，在心理上抗拒一些比较有难度的学习任务，希望更快、更容易地获得奖励。所以，真正有意义的教育应该是激发幼儿的学习主动性，将他人外在的激励转化为幼儿内在的激励，让幼儿成为主动的深度学习者。

（四）教师的主导作用

在深度学习中，幼儿是学习的主体。那么，教师处于什么地位呢？教师应该做什么？怎么做？做到什么程度，才能引发幼儿的深度学习呢？深度学习要解决的是有难度、有挑战的学习任务，幼儿主动地、独立地操作这些内容，积极、主动地学习。教师要先确立促进幼儿主动发展的"最近发展区"，确定幼儿的现有发展水平，知道幼儿现在知道什么、能做什么、对什么有兴趣、能操作什么材料、能以什么方式完成什么样的活动。在确定幼儿现有水平后，教师要再确定即将达到的将来水平。这个将来水平不能比现有水平高出太多，如果幼儿无论怎么做都达到教师确定的将来水平，凭个人的努力在短时间内不能实现，那么这个将来水平就没有意义了。幼儿通过自己踮一踮、跳一跳，就能摘到"果子"。这就是著名的维果茨基的"最近发展区"教育理论。教师要帮助幼儿作为主体去挑战困难，解决问题，学习有难度的内容，完成有挑战性的任务，从现有水平积极、主动地走向将来水平。

教师应该为幼儿提供他们既能自主操作又能使他们获得发展的环境和材料，让幼儿自主地、尽情地游戏。幼儿在教师的引导下，可以根据当前的学习，充分地联想、调动、被激活，实现从旧经验到新知识的组织，建构出新经验。在自主游戏和自己学习中，幼儿获得的知识可能是零散的、碎片式的、杂乱无章的，需要教师发挥主导作用进行引导和梳理，使之成为有结构、有体系的知识。

　　深度学习是充分发挥教师主导作用的学习。如果教师没有发挥主导作用,那么幼儿就不可能积极、主动地学习,也就不可能实现深度学习。在这样的活动中,幼儿兴趣盎然,思维活跃,记忆力强,激发了内在的学习动机,挖掘了学习的潜能,充分体验了成功的喜悦,增强了信心。幼儿已有经验与新经验互相连接,从低阶思维走向高阶思维。

第二章 指向深度学习的幼儿园自主游戏的实践探索

第一节 环境支持

《幼儿园教育指导纲要(试行)》明确要求：幼儿园应为幼儿提供健康、丰富的生活和活动环境，满足他们多方面发展的需求，使他们在快乐的童年生活中获得有益于身心发展的经验。

蒙台梭利提出，在教育上，环境所扮演的角色相当重要，因为孩子从环境中吸取所有的东西，并将其融入自己的生命。

陈鹤琴先生指出，怎样的环境的刺激就能得到怎样的印象。

虞永平教授指出，能对环境进行有效创设和准备是教师的基本功。

幼儿园的环境是幼儿在园学习、游戏、生活、运动等活动的基础条件和物质保障。环境是幼儿自主游戏的基础和前提，对幼儿开展游戏活动具有重要的意义和价值。教育部印发了《幼儿园保育教育质量评估指南》，就办园方向、保育与安全、教育过程、环境创设和教师队伍五个板块对幼儿园提出了明确的要求。其中在环境创设板块，对空间设施和玩具材料有明确要求。

环境创设是幼儿教师非常熟悉的工作。临开学时，教师一般需要提前1周到园创设环境。很多教师会把大量精力用在精美的环境创设中。但是，教师参与越多，幼儿参与就越少，使得幼儿园环境失去了原有的教育价值，成了供领导检查和成人欣赏的存在。

在《幼儿园保育教育质量评估指南》的引领下，教师越来越清楚地认识到，幼儿的深度学习需要幼儿主动参与游戏。幼儿的游戏在很大程度上受到他们的眼前情境和刺激物的影响，不一样的情境和刺激物会引发不一样的游戏及发展。教师创设游戏环境时要围绕"支持游戏、促进发展"的目标进行，避免以成人的视角创设游戏环境，避免环境、材料的单一匮乏，也避免环境缺乏动态变化等问题。环境创设的主导者应该是幼儿。

一、动态空间，满足需要

环境具有一定的稳定性，能让幼儿拥有安全感，并形成内在的秩序感。教师应该根据自己对幼儿的观察，追随幼儿的兴趣和需要，不断地调整和完善游戏环境和材料，审视游戏环境的适宜性和引领性，使学习和发展成为可能。

幼儿游戏的主题、情节的发展和学习方式与空间布局有着密切的关系。教师可以与幼儿一起规划空间布局，但不固化空间的使用。动态可变的空间是幼儿游戏所需要的。

（一）合理规划物理空间

规划合理的物理空间是幼儿自主游戏的保障，直接影响空间的有效利用以及幼儿游戏的状态和质量。不管在室内还是在户外，教师对游戏空间的规划都要慎重考虑。

1. 动静分开

室内空间相对封闭、安静，有助于幼儿专注地进行探究和思维活动，如益智游戏、学习区游戏、建构游戏等的开展等。在室内，幼儿需要交往，游戏型区域属于比较喧哗的区域，应该与学习型区域有所区分，可以利用寝室、走廊、阳台等空间进行有效的分隔。

户外空间相对宽敞、开放、自由和宽松，除了适合开展创造性游戏外，还适合开展大肢体运动类游戏、沙水类游戏等。在户外，跑、跳、爬、平衡等大肢体运动类游戏的区域相对比较热闹，创造性游戏、休息则需要设置在相对安静的场所。

2. 不同性质的游戏

建构游戏区需要大的平坦的空间，该空间需要相对独立、不受干扰，便于幼儿专注地进行搭建；表演游戏的空间需要宽敞、开放，便于幼儿互动和交往；角色游戏区可以是半封闭的，便于幼儿形成游戏小组，生发属于自己的游戏主题，并不断延伸和拓展游戏情节。

3. 不同年龄段幼儿的游戏环境

不同年龄段的幼儿的游戏空间设置是有所区别的。例如，大班和小班都可以设置娃娃家，小班的娃娃家的数量可以多一些，大班的娃娃家可以设置书柜、投放学习用具等。

（二）动态、灵活地利用空间

除了合理规划游戏空间，教师还要注重环境空间的动态可变性。在学期初，教师可以对班级环境进行大体规划，随着游戏的开展，再调整和改变环境。在一日活动中，班级空间要开展教学、游戏、生活等多项活动，所以，多数班级的游戏空间很难固定不变，尤其是空间不足的班级更要动态地调整。幼儿可以根据自己的需求，动态变化区域的设置。

1.不固化空间的大小和功能

一直以来，教师都习惯于将所有游戏空间全都事先设计好，或者规定幼儿"在哪儿玩"，导致幼儿自主游戏无法实现。

其实，每个游戏空间的大小和功能都应随幼儿的需要动态变化。例如，某日科学区的人数比较多，那这个区域的空间就可以自然、灵活地向外延展，或"借用"其他区域的空间，幼儿也可以自由地使用室内外的角落或者空白地带延伸游戏空间。

图2-1　角色扮演游戏

在以往相当长的一般时间里，教师习惯于把每一个游戏空间围起来，只留一个出入口，设置标牌；习惯用成人的视角预设游戏主题和地点，如固定在某个位置设置医院、饭店、超市、银行等；或者设置多个角色游戏小屋或游戏场景，这些做法容易固化游戏主题，限制幼儿的思维和想象，无法满足不同幼儿的游戏需求，不利于幼儿深度学习。

随着游戏观念的不断转变，教师开始尝试关注幼儿的兴趣和需求，但很多教师仍然习惯于固化游戏主题，这种做法会束缚幼儿。

某幼儿园大班某班的教师进行了大胆的尝试，他们首先撤掉了原来预设好的游戏区域，然后引导幼儿讨论"你们想玩什么游戏？"幼儿积极地表达意愿，超市、警察局、奶茶店等幼儿喜欢的新游戏主题涌现出来。玩"幼儿园"游戏的小组选择了靠近活动室窗户的位置。在近一个月的时间里，"幼儿园"的游戏情境随着游戏情节不断发生变化，从刚开始仅有活动室，逐渐拓展了操场、升旗台、保健室、农场等，游戏场地也随着游戏情节的变化不断地向外延伸。最后，"家长进幼儿园看表演"等游戏情节衍生出来。在游戏的过程中，幼儿根据自己的兴趣和需要，自主规划场地，自主选择游戏材料，乐此不疲。

教师可以创设一个较大的游戏空间，将材料、工具相对集中地放在一起供幼儿挑选，柜子、桌子是灵活、开放的，允许幼儿选择游戏。幼儿根据自己的目标和需要，找到自己需要的材料，并找到适宜的地方实施。这样的游戏十分开放，能够使幼儿生发学习和探索的可能。

2.游戏空间适当留白

格式塔心理学"完形说"提出，当人们看到残缺不全、没有规则、不和谐的图形或者事物时，就会情不自禁地填补缺陷，使其达到完美。当墙面适当留下空白时，会激发幼儿"补"这些空白的愿望，以完成统一的整体。在这个构建"完形"的过程中，幼儿凭借已有的经验进行思考和填补，这是幼儿自主创造和想象的过程。

图2-2　游戏空间适当留白

教师有意"留白"空间，鼓励和支持幼儿自由支配，架构起幼儿与墙面互动的桥梁，使得墙面成为幼儿自由创作的"天地"。幼儿可以根据自己的游戏需要，利用桌椅、木板、轮胎、屏风、布料、体操垫、帐篷等材料创造游戏空间，满足自我游戏的愿望，以及学习与发展的需求。

二、融合课程，追随共生

环境可以为幼儿游戏服务，为课程发展服务。在游戏中，幼儿生成了部分课程，不同的游戏或课程都有不同的空间环境要求。教师只有选择合适的空间，创设合适的环境，才能让课程"活"起来。教师可以利用环境，动态变化环境布局，灵活扩展，创设符合幼儿学习和发展需要的环境。

（一）追随游戏，服务课程

环境会影响幼儿的行为，也会影响幼儿的发展。通常，在每个学期开学前，教师应该根据幼儿的年龄特点和课程需要对班级环境进行规划布局。在设置游戏区域时，对于游戏内容、材料投放和空间调整，教师可以根据需要进行延伸和拓展。在课程开展过程中，教师运用与课程相对应的元素，与幼儿一起创设环境。幼儿通过对环境进行观察、与环境进行互动，拥有更多的理解，主动探究学习，获得认知。例如，随着课程"疫情来了"的生成，美工区里出现了"对抗病毒"等主题画区；建构区里出现"设计核酸检测路线"和"小区封控"等建构内容；表演区里生成"感恩志愿者"等内容，追随幼儿的生成课程而发展多个相关游戏区域。

所有区域的环境、材料和内容都必须与课程建立联系吗？要无时无刻不追随课程吗？

举个例子，有一次，笔者在巡班时发现了一个班级的建构区有很多塑料小草皮，笔者困惑地问老师那是什么，老师说是"足球场的草坪"。笔者又问为什么要投放这些"草坪"呢？老师回答：区域要体现课程特色，我们最近实施的是"足球"课程，建构区就应该让幼儿搭建和足球有关的内容。听了这个案例，也许大家会觉得有点儿啼笑皆非。可是，这就是在幼儿园中教师真实存在的困惑。

其实，要求所有区域都紧跟课程内容是很牵强的。例如美工区、操作区、科学区容易与课程发展目标建立联系，可以选择在其中投放部分与课程相关的材料；数学区、科学区这类学习型区域游戏适合以《幼儿园保育教育质量评估指南》来指引；自主游戏区强调幼儿的自主、创造，也很难与课程建立直接的联系，很难跟随课程不断调整材料。例如，在建构区，幼儿喜欢搭建各种建筑物或桥梁，教师应该尊重幼儿的选择，而不应该强制要求幼儿搭建与主题相关的内容。

 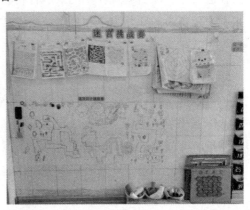

图 2-3　主题环境创设

（二）以幼儿为本，互动共生

都说幼儿园的环境是"有准备的环境"，幼儿是环境的主人。在创设环境时，教师不能将环境的"主人"排除在外，以免把"有准备的环境"变成只有教师参与的"独角戏"。教师要尽可能让幼儿参与环境创设过程，建立"环境创设是课程实施的一种途径"的课程观和学习观，即让幼儿参与环境创设的过程，这也是幼儿学习和发展的过程。幼儿参与环境创设是一个从"幼儿发现"到"幼儿发声"的过程，要求幼儿不仅要"被发现"，而且应该作为主体"主动参与"。

现阶段，教师开展期初开学准备有了改变。在做好活动室的整理、清洁工作后，教师一般不再将班级环境也一并创设好，而是将班级环境创设所需要的材料准备、摆放好，在开学后让幼儿参与班级环境创设工作。教师可以对幼儿说："我们讨论一下，要怎么样布置班级环境呢？"于是，教师可以讨论：班级哪些空间需要布置，要布置什么内容，要运用什么材料，采用什么方法来布置；或者是基于解决真实问题，将幼儿解决问题的探究过程记录下来，收集材料开展环境布置，这个过程也是教师组织幼儿开展课程的体现。

在创设过程中，幼儿需要根据已有知识经验分工合作、讨论和协商，甚至出现争执和冲突，需要做计划、画设计图、选择材料和工具，直至完成本小组的任务。

为了让游戏区的墙面更具有教育价值，有效地促进幼儿的主动学习，教师可以改变墙面单纯的美化功能，尽力创设能与幼儿互动、对话的游戏区墙面环境，最大化发挥墙面的教育价值，常见方式有以下几种：

1. 问题墙

为激发幼儿问题探究的兴趣和能力，支持幼儿进行深度学习，教师要鼓励幼儿将其在进行某一项目或者在使用某一种材料时遇到的困惑和问题在"问题墙"上表现出来，引发更多的幼儿关注和思考，引发成人的支持，引发利于问题解决的深度学习的发生。

2. 分享墙

教师要及时观察幼儿的活动情况，将幼儿的成功体验以照片方式进行捕捉、留存；对于探究中解决问题的精彩过程，以图文形式进行记录，并展示在墙面上。这样的分享墙是游戏故事的分享过程，有助于引发同伴儿的经验分享，并能够激发幼儿继续开展深度学习的兴趣，让墙面环境与幼儿实现对话。

3. 操作墙

教师将操作材料设置在墙面上，将平面操作与立体操作相结合，不仅能创设出更多的操作空间，还能激发幼儿动脑动手，在亲身感知和实际操作中获得有益的游戏经验。例如，在中班"管道"游戏中，教师可以充分利用墙面，布置一面有着卡道、透明管道的操作墙，幼儿可以以墙面为操作台，将一颗颗豆子放置在管道起点处，观察豆子在透明管道中的运动走向。

幼儿园环境倡导"儿童立场"的理念，这一立场是在学习与生活、课程生成和实施的过程中不断互动而生成的。它不是孤立存在的，也不是一成不变的，而是贯穿整个教育过程，追随幼儿，互动共生、动态变化。在这一过程中，幼儿获得的经验和能力是多方面、生动、整合的。幼儿参与创设的班级环境对幼儿而言是鲜活的，他们会对这种环境倍加关注和珍惜。

三、野趣环境，适度挑战

陈鹤琴先生提出："不要让孩子一天到晚在室内玩玩具。我们知道室内的空气远不如野外的新鲜。孩子常在室内活动，是不利于他们的健康的。并且，室内一切的物品都是静的、呆板的。野外的花、草、树、木、虫、鱼、鸟、兽多么活泼、可爱！"

随着社会的发展，城市化进程加速，幼儿被钢筋水泥和智能信息等包围，他们与自然接触的机会越来越少，获得的自然体验、对自然世界的认识也越来越有限。

大自然是幼儿天然的游戏场，户外的空气、阳光、雨露、场地等能够给幼儿带来广阔的想象、尽兴的游戏和无限的快乐。充满自然气息的游戏环境能让幼儿获得更多与自然互动的机会，激发幼儿的想象和创造，坚强幼儿的意志，强健幼儿的体魄。创设一个贴近自然、充分利用自然元素、支持幼儿与自然亲密接触的游戏环境极为重要。

图 2-4　户外游戏（一）

安吉的游戏课程把幼儿从局促的室内解放出来，充分拓展了户外空间，创设了富有自然野趣的环境，将幼儿游戏的场地向户外转移，为幼儿找回了原生态的游戏环境。安吉幼儿园的游戏运用水沟、平地、树林、竹林等环境，支持幼儿灵活地选择不同区域，使幼儿能自由穿梭其中并参与游戏；尽可能将环境设计为低结构化，拆除玩法固定的大型组合玩具，改换为没有固定玩法的废旧汽车、小木屋、矮墙、树桩等固定设施；支持幼儿自主选择空间、材料并充分表达自己的想法。

图 2-5　户外游戏（二）

户外游戏的魅力之一是冒险。从幼儿天性出发，适当的冒险和挑战是教师对幼儿的支持。但是，冒险意味着发生危险的概率比较高。所以，对一些户外的富有挑战性的游戏，教师应当进行风险评估，尽力排除可能存在的危险因素。在合理风险的前提下，适当地开展挑战活动。千万不能因怕承担安全责任而把幼儿关在室内，零风险的环境并不利于幼儿的成长。

四、温馨环境，放松游戏

良好的游戏环境包含物质环境，也包含心理环境，即精神氛围。温馨的心理环境能让幼儿放松、自在地游戏，更加自由地探索环境和材料，更加富有创造性地开展游戏，在游戏中积极学习和发展。

（一）平等和谐的师生关系

作为一名幼儿教师，最基本的素质就是爱幼儿。俗话说，金杯、银杯不如家长的口碑，家长对教师的认可的前提是教师爱幼儿。爱不是写在墙上，记在笔记本里，而是在教师的行动里，在教师看孩子的眼神里，在师幼互动的氛围里。

游戏中，教师创设平等、尊重、和谐的心理环境，让幼儿有安全感，有被关爱、被尊重、被接纳、被支持、被赞赏的良好感受。同时，教师也会成为幼儿的好伙伴，并发现幼儿的能力及发展潜质等。

1.尊重与平等

陶行知先生说："你要变成小孩，才能成为小孩的先生。"在游戏中，教师更适合追随在幼儿身后，而不是走到幼儿的前面指挥。教师应该成为幼儿的游戏伙伴儿，尊重幼儿的游戏意愿，以平等的身份参与游戏，缩短成人与幼儿之间的距离。教师应该给予幼儿自主思考和解决问题的空间，与幼儿平等交流，而非趾高气扬、高高在上，应该尽力营造一种宽松、和谐的人际环境和心理氛围、平等融洽的师幼关系。

在游戏中，幼儿要坚信：教师不会强行干预，也不会责骂他们，只会在他们有需要的时候给予他们帮助。幼儿要能够感受到教师的爱和尊重，产生安全感，放心地体验游戏，不断发现、思考和挑战。

图2-6　户外游戏（三）

2. 等待与欣赏

幼儿是在一次次尝试、一次次失败后反思调整，逐渐积累新经验，建构对自己、对外部世界的认识。在游戏中，只有教师给予宽松的空间，幼儿才会无后顾之忧、有勇气地积极去探索、尝试，迎接挑战。因此，教师应该根据幼儿的年龄发展目标，对幼儿抱有合理的期望，允许幼儿在游戏中犯错、失败，让幼儿在最近发展区获得发展。其中，教师的信任、包容、等待和欣赏就是给予幼儿的最大的支持。

（二）友爱与合作的同伴儿关系

同伴关系是幼儿建立安全感的一个重要因素。良好的同伴儿关系能让幼儿感受到被接纳、安全和归属感。在自主游戏中，幼儿能够充分地与同伴儿互动、交流、协商、合作，也能够互相评价。友爱、和谐的同伴儿关系能够让幼儿在游戏中放松、主动、舒畅、愉悦，也能够促进幼儿的语言表达能力、交往能力、创造力、独立性、自信心等方面的发展。

教师通过创建友爱、包容的班级氛围，言传身教地引领正确的交往方式，合理地解决矛盾冲突等做法，能够直接影响和推动幼儿与幼儿形成彼此包容、善于分享、相互鼓励的伙伴儿关系。

幼儿的游戏和学习离不开环境的支持和推动，教师要努力让幼儿园的每个空间都成为幼儿游戏和学习的乐园，实现课程与活动场地的渗透、整合，促进幼儿的深度学习。

表 2-1　幼儿园游戏环境评价指标体系

游戏区域环境	空间规划：合理规划幼儿园的游戏场地、空间和环境	空间利用	合理选址以及利用室内、户外、阳台等空间作为幼儿游戏区
			幼儿园设置全园共用活动场地，每班应设专用室外活动场地，人均面积不小于 2 ㎡，班级活动室面积不小于 70 ㎡
			游戏区域规划与分区设计符合空间地形和空间结构
		空间环境	环境安全、舒适、有序
			空间色彩、结构和造型符合幼儿年龄特点和美学原则
		空间融合	室内、走廊、户外游戏空间相互配合
			班级空间、公共空间相互融合
			游戏区域的空间、地面、墙面等立体空间相互呼应
	区域创设：区域类型、数量等适当，区域布局合理并动态更替	区域设置	能够依据幼儿园教育目标和课程目标、依据幼儿的身心发展特点和年龄特征设置游戏区域
			区域类型齐全、功能多样（包括私密活动区），涵盖幼儿的多种经验，满足幼儿全面发展的需要
			区域数量满足全班幼儿同时活动的需要
			游戏区域主题来源于幼儿的生活经验，也来源于幼儿的兴趣和需要
			区域标识造型鲜明、生动、有趣，能够吸引幼儿的关注
			区域标识具有暗示和引导意义，能够暗示区域游戏规则，易于幼儿理解和操作
		区域布局	互相干扰的区域分离，如"动"区和"静"区、"干"区和"湿"区
			互补的区域邻近，如沙池和水区
			区域空间面积和区域活动的幅度与进区幼儿数量相适宜，并能根据幼儿的意愿和活动需要进行动态性变换或调整
			区域的开放和封闭程度与区域功能和幼儿的活动需要相适宜，不同区域之间能发生有效的教育联动
			区域之间分隔明确，分隔物高度适宜，不阻挡幼儿对材料物品陈列的视线
		区域更替	既有预设的常规区域，也有追随幼儿兴趣的生成性区域
			区域的更替依幼儿的游戏兴趣持续和变化以及幼儿自主探究深入的情况

第二节 时间保障

华爱华教授在《幼儿游戏理论》中提出,游戏的开展是需要时间保证的,幼儿游戏的时间越充分,游戏水平的提高就越快。……幼儿在游戏过程中,需要足够的时间探索新材料,计划和扩展游戏情节,选择同伴儿、角色,享受融入情境的快乐。如果没有足够的时间,当幼儿刚刚规划了游戏,建构好场景,还未开始互动合作,就被教师宣布结束了,这样,游戏不能尽兴,游戏的水平也不易提高。

游戏时间是幼儿在游戏中开展深度学习的保障。充足且具有弹性的时间,能够使幼儿持续、深入地开展游戏,是教师对幼儿自主、自由、自发游戏给予的支持,是游戏顺利开展和实施的保证,也是教师追随幼儿兴趣和需要的必要条件。

现阶段,还有不少幼儿园存在不同程度的无游戏、轻游戏、假游戏的现象,占用游戏时间来开展集体教学活动的情况时有发生,甚至存在小学化现象。我们在追求自主游戏的同时并不排斥集体教学。集体教学在幼儿园具有不可替代的作用。但是,集体教学并不是幼儿学习和发展的唯一途径,学习、游戏和生活对幼儿的发展有着不同的作用。对3~6岁幼儿来说,自主游戏更适宜推动幼儿的学习和发展。幼儿园应该利用教研活动,组织教师开展课程审议,舍弃一些不必要的集体教学活动,争取将更多的时间留给幼儿游戏,努力增加游戏中发生学习的可能性。

有的教师习惯以集体行动来组织幼儿的生活活动,如集体洗手、如厕、饮水、进餐等,不知不觉出现了很多消极的等待环节。在幼儿园有限的时间里,教师要尽可能地取消低效率的集体行动,引导幼儿根据需要进行自我管理,发展幼儿的动手能力和独立意识。

一、保障充足的游戏时间

（一）充足的游戏时间

幼儿在充足的游戏时间中,能够积极、主动地投入游戏,探究解决问题的方法,深度学习也随之产生。教师保证幼儿拥有足够的游戏时间至关重要。有了充足的游戏时间,幼儿能与环境、材料和同伴儿进行深度互动,制定游戏计划、探索材料、建构场景、创新玩法、深度学习,从而满足学习和发展的需要。反之,游戏的时间受限,游戏机会也会随之受阻,势必影响幼儿在游戏中的学习深度和学习广度。

1.让幼儿有充足的时间试错和尝试

大多数幼儿面对富有挑战性的任务不气馁、不沮丧,有着坚持、专注的学习品质。

很多幼儿并不需要教师直接帮忙解决问题，会寻找解决问题的办法。其中，尝试和试错是幼儿常见的学习方式，这些都需要幼儿耗费较多的时间。他们需要充足的时间去试错和尝试。

【案例】我们和轮胎的故事

点点把轮胎一个一个往上叠着。这时，珊珊滚了一个轮胎过来，对点点说："以前妈妈带我去农场乐园玩儿，那里有轮胎搭成的城堡，叠得特别高。"点点说："我也玩儿过，还可以爬到轮胎上面去呢！""我们也来用轮胎搭一个大城堡吧！"烨烨和珊珊纷纷点头，于是三人开始忙碌起来。

他们两个人滚，一个人放，"地基"很快就建好了。接着，他们把其他轮胎立起来叠在好的轮胎上面。叠到第三层时，他们把轮胎横着叠。当要再加一层时，烨烨说："这个太高了，轮胎那么重，我们根本抬不上去。"点点扶着轮胎说："那怎么办？"珊珊说："我们去拿椅子吧，踩在椅子上就能变高了。"边上的倩倩说："椅子不够高，我们还可以用桌子。"很快，孩子们开始行动。有的抬来了桌子，有的搬来了椅子，有的滚轮胎，有的抬轮胎……点点和烨烨站到桌子上，下面的小朋友把轮胎递上去给他们，他们尝试立起轮胎。可是，这次轮胎却怎么也立不住了。点点跳下桌子，看了看，又爬到桌上直接横着叠。叠了几个之后，点点说："这样太累了，只有我们两个人抬轮胎太重了。"烨烨说："可是桌子上站不了太多人。""怎么办？"……

图 2-7　搭城堡

下午，倩倩、点点叫了几个小朋友一起在操场各个地方找材料。找了一圈，他们找到了粗麻绳。烨烨停在树下说："点点，我想到办法了，我们可以把绳子绕过树枝。"倩倩望着高高的树说："可是树太高了，我们够不着。"烨烨说："可以请保安叔叔帮我们一下。"于是，他们请保安叔叔帮忙把绳子绕过了树枝，接着，倩倩把绳子的另一头绑在轮胎上。然后，珊珊扶着轮胎，其他幼儿开始抓住绳子的一头拉了起来。"加油呀！加油呀！"随着他们的口号声，轮胎缓缓吊了起来。

慢慢地，第四层的轮胎放好了几个。"等一下，等一下！树一直摇啊！"珊珊指着头上的树枝说。大家把绳子放开，坐到了地上。烨烨看了看通红的双手，说："不行，这样还是太累了，绳子卡在树杈那里，我的手都红了。""我的手也红了。"几个小朋友坐在一起商量："我们还有什么办法可以吊起轮胎呢？"

在游戏中，倩倩、珊珊、烨烨、点点几个孩子一起寻找吊起轮胎的材料。烨烨提出把绳子绕过树的想法，可见他善于观察，并巧妙地利用了树的特征尝试解决问题。他们发现自己没有办法把绳子绕过大树，于是寻求保安叔叔的帮助，顺利把绳子的一端绕过了树，说明他们具有一定的探究能力，遇到自己解决不了的问题能够主动寻求帮助。轮胎绑好之后，他们一起喊口号，一个人扶着轮胎，其他人拉绳子，成功把轮胎吊起来了。

在这个过程中，幼儿的力量得到了锻炼，体现了他们的分工、合作意识。他们对成功吊起轮胎感到特别开心，体现了他们团结友爱的一面。他们在不断尝试分析问题、解决问题的过程中积累经验，并运用到新的学习活动中，具备较好的学习态度和能力。

（案例分享：厦门市同安区朝阳幼儿园 檀丽华）

幼儿对富有挑战性的游戏并没有表现出不良情绪。我们坚信，幼儿生来就具有学习能力和学习倾向，促使他们在挑战中坚持不懈。在上面的例子中，当幼儿一次又一次地探究如何吊起轮胎时，他们正在研究的是力学和探索物体运动，他们需要尝试的时间。也许这段经历会成为这些幼儿理解重力和物理学的基础，促使他们在日后发明出新的方法来改变世界。

教师平时在制订课程计划的时候，经常会用学期计划、月计划、周计划来划分时段，于是形成了一种思维惯性。例如，有的班级教案显示，每个月完成一个主题课程，这不符合幼儿的学习特点。

幼儿游戏或游戏生发的课程，不一定要在一个有限的时间内完成的。在幼儿的生成课程中，可能会有多个课程、多个兴趣点不断缠绕、交织和碰撞，而不是一个课程结束了才发生另一个，也不是几个课程实施时段加起来正好是一整个学期的长度。

教师要打破思维习惯。教师可以预设一些重要的时间节点会发生什么，可以预设本年龄段幼儿的发展方向大约是怎样的，但无法预设某个课程会实施多久、什么时候能结束。只有不断凝聚幼儿园、家长和社区，甚至更大范围内的多种资源，才能在"怎样追随幼儿""如何生长课程""怎样拓展课程""如何实现深度学习"等问题上有进一步的思考。

2.多长的游戏时间才算充足

研究表明，游戏时间的长短会影响幼儿游戏的质量。无论是哪类游戏，幼儿都需要充裕的时间去探索和尝试。在游戏中，幼儿难以在较短的时间里或是在全班相同的时间内完成任务，获得发展。幼儿需要观察游戏环境，选择游戏内容，思考如何运用游戏材料，并观察其他幼儿的游戏过程。幼儿需要一定的时间来了解游戏、与同伴儿互动，找到融入游戏的方式，使自己社会化。

幼儿究竟需要多少时间来游戏？游戏时间的长短对幼儿游戏的质量、数量会产生什么样的影响？

对于15—30分钟的游戏，幼儿往往只会选择一些社会性和认知层次较低的游戏形式，包括平行游戏、旁观、无所事事等。他们还没有足够的时间结伴儿，不能充分地互动协商、讨论或做进一步的探索和建构。幼儿刚刚利用材料布置好场景，也刚刚与同伴儿开始协商，还没有开展深入游戏就被迫结束；或者是幼儿刚刚进入游戏状态，对玩具材料还处于探索阶段，游戏时间就到了。如果幼儿还没有开始真正有深度的游戏，那么他们的游戏水平自然得不到提升。这样的游戏有可能阻碍幼儿的想法，使游戏应有的价值不能充分得到发挥。

在30分钟以后的游戏中，幼儿才有时间逐渐发展出社会性和认知层次较高的游戏形式。教师要给予幼儿充足的与环境、材料、同伴儿进行深度互动的时间，使得幼儿可以从容地根据自己的节奏连续游戏，进行材料研究、场景布置、协商分工、讨论合作，在熟悉环境、材料和玩法的基础上不断创新游戏情节，在前期经验的基础上不断构建越来越丰富的游戏。这样的游戏能够使幼儿的想象、合作、表达、解决问题等能力得到深度发展。

现在提倡在幼儿一日活动中至少有1小时完整且连续的游戏时长。随着幼儿年龄的增长，这个时间可以延长至90分钟甚至更长。但是，如果1个小时游戏时间里还包含了游戏准备、游戏后的整理、收纳和分享回顾，那么游戏的时间仍旧是不够用的。因此，幼儿1个小时完整且连续的游戏时长，不包含游戏的前后环节。

3. 不应被打断的幼儿游戏时间

幼儿是游戏的主人。有的教师经常临时打断幼儿游戏，让幼儿去参加自己组织的活动，导致幼儿无法深入地参与游戏，这是不尊重幼儿游戏的表现。经常如此，幼儿就会变得比较小心，专注力低。他们唯恐随时会被老师叫到，被停止正玩在兴头上的游戏。

为了产生有深度的游戏，教师不能轻易打扰、催促幼儿，保证幼儿拥有充足的游戏时间。教师如果要打断游戏，就必须有重要的原因，并要本着尊重幼儿的态度。幼儿延长专注力的时间足够长，游戏活动才有可能进入深度的状态。这是教师给予幼儿的最好的尊重。

（二）灵活弹性的游戏时间

以往的幼儿园一日作息安排对每一个环节的具体时间进行细化，教师完全没有自主调控的空间。弹性管理强调时间的安排要追随幼儿的步伐，而不是完全生搬硬套幼儿的作息时间。

1. 灵活调整

当游戏时间结束，而幼儿还没有完成他们的探索的时候；当幼儿的游戏兴趣高，很难立刻结束游戏的时候，教师可以根据实际情况灵活调整时间。在不对后续环节造成太大影响的前提下，教师可以适当延长游戏时间，满足幼儿的游戏需求；否则，将可能影响幼儿的游戏质量，打断他们的学习和他们对游戏结果的探索，使幼儿失去对自己期待结果的体验。反之，当游戏出现突发现象，需要教师紧急介入等关键时刻，教师立刻结束游戏也是可行的。

弹性的时间管理，需要管理者充分给予教师一定的弹性。教师可以根据自己的观察，从游戏情节的发展、幼儿专注程度等方面综合判断，对一日活动时间安排进行弹性、灵活的调整。

《幼儿园保育教育评估指南》指出，当天气特别炎热或寒冷时，教师可以适当缩短幼儿在户外的时间。在不同季节和不同的气候条件下，对于游戏开始和结束时间，教师也应根据实际情况灵活调整。夏季的天气炎热，影响幼儿室外游戏。为了避开高温，幼儿来园之后可以先进行室外游戏。相反，冬天天气寒冷，幼儿可以等室外温度升高一些后再进行室外游戏。此外，教师可以盘点一日活动中的"碎片时间"，适当调整，减少环节变换与教师的高控组织环节，为幼儿充分经历、深度体验提供可能性。

2. 灵活预约

幼儿园的管理者习惯将功能室等公共空间按时间段固定且平均划分给每个班级使用。由于各个班级游戏的开展很自主，不具有固定性，有可能出现某个班级临时需要使用功能室或者临时更改活动地点的情况。为了协调好这些关系，教师可以设计活动场地时间预约表，有需要的班级提前在预约表上进行预约登记，预约成功的班级优先享用该空间的使用权。

表 2-2　第　　周　　　　区活动情况登记表

活动时间	活动班级	幼儿活动情况	物品管理	教师签名
周一				
周二				
周三				
周四				
周五				

备注：幼儿活动情况可以填写幼儿当天活动的亮点或特殊情况。

如有物品损坏或丢失，请记录在物品管理中，无特殊情况填写"正常"。

（三）具有差异的游戏时间

教师应该充分考虑幼儿的年龄发展特点、游戏内容、幼儿个体发展水平的差异，安排有差异的游戏时间，以更好地追随幼儿游戏。

1. 游戏时间因年龄而异

根据幼儿年龄的不同，学习方式不同，幼儿的注意力和专注力存在差异，游戏时间安排和时间长度因年龄而异。一般安排如下：

小班游戏时间为9：30—10：20（50分钟）、15：10—16：00（50分钟）；

中班游戏时间为9：50—10：50（60分钟）、15：10—16：10（60分钟）；

大班游戏时间为9：50—11：00（70分钟）、15：10—16：20（70分钟）。

2. 游戏时间因游戏内容而异

由于游戏的内容和性质不同，游戏需要的时间也不同。有些游戏需要足够的时间来扩展和深化游戏，如在阅读区，幼儿停留的时间相对短一些，允许幼儿在一段时间后临时更换；而建构区需要幼儿与幼儿的合作、协商，一般用时较长；美工区的部分制作技巧相对精细，用时也较长，可以根据情况适当延长游戏时间；某些游戏在当天的游戏时间内仍未完成，则可以摆上"待完成"标志，延伸到下一次或几次的活动；有些游戏在室内开展也许1小时就足够了，而在室外随幼儿玩性而异，应该灵活延长游戏时间，以满足幼儿的游戏需要。

3. 游戏时间因个体发展水平而异

每一个幼儿都有自己的发展特点，在游戏中，教师可以追随幼儿的个体差异提供充足的个性化的游戏时间。例如，在操作区，扣纽扣的红红的小肌肉动作发展得好。她熟练地扣了3件衣服的纽扣，再玩下去也是重复动作，简单、重复的行为已经失去了发展的意义。因此，她更适合更换到其他游戏区或选择其他活动内容。有的幼儿正处于探究的关键时刻，游戏持续时间也比较长，幼儿很难说停就停。此时，班级里如果有两位教师在游戏现场，就允许几个有需要的幼儿适当延长区域游戏的时间，教师做好分工，既顾及全体幼儿也关照个别幼儿的需要。

图2-8 "农家小超市"

二、延长游戏时间

现阶段，不仅提倡给幼儿充足的游戏时间，还提倡将同一区域持续游戏的周期延长，为幼儿在游戏中持续探索、深度学习提供重要条件。"只有这样，幼儿才能在之前的经验上持续推进他们对这一环境和材料的探索，也才能有足够的时间和机会延续和拓展自己的创造和想象，不断地发现问题和迁移运用已有的经验解决问题，从而达到深刻且复杂的学习状态，幼儿游戏水平才会提高。"如果建构游戏，则建议适当保留幼儿未完成的作品，适当保留幼儿可能继续生发的作品，待下次幼儿可以继续深入地探究游戏。

游戏记录：滚球

第一天：幼儿利用长积木和轮胎搭建了非常简单的轨道，开始滚球。

第三天：幼儿利用木块和纸箱做发射架，利用木板击球。

第四天：幼儿用大小不同的纸箱、长积木和垫子组合搭建轨道，并利用轨道滚球。

第七天：幼儿利用4个大小不同的纸箱开始尝试用脚踢球。

第十七天：幼儿利用纸箱、长积木和滚筒板凳制造了关卡，球需要穿过3个依次连接的滚筒，到达终点。

第二十八天：幼儿利用多种材料构建起了更为复杂的有汇合点的梯形轨道进行滚球。

在持续一个多月的时间内，幼儿玩球的经验越来越丰富。虽然在同一区域，游戏材料也没有太大变化，但玩什么、和谁玩、在哪儿玩、怎么玩都由幼儿自主决定，所以，幼儿没有出现不愿意玩、放弃游戏的现象，他们使用的材料越来越多元，他们的游戏经验越来越丰富，游戏玩法也越来越精彩。

幼儿如果没有这段时间的经验，就不会产生丰富多彩的探索，不会玩出那么多具有创意的玩法。正是这样较长时间的持续深入探究，使幼儿建立起完整且连续的经验。这个案例让大家对延长游戏时间有了深刻的体会。充足且持续的游戏时间对于幼儿的深度游戏是一种保障。在某段时间内，如果游戏场地不改变，幼儿持续玩某个游戏，就有可能发生深度学习；反之，如果每天轮换场地，幼儿每天玩的环境和材料都不一样，表面上看很均衡又有新鲜感，但会出现认知和经验缺乏连续性，经验在建构后没法马上得到运用和迁移，不利于经验的拓展和深入。所以，教师要积极保障幼儿在游戏中学习和探究的连续性和深度，支持幼儿建立良好的学习品质和有效的认知经验。

在幼儿持续进行一段时间的游戏中，教师要始终追随幼儿，尝试观察发现、理解幼儿的行为。当教师观察到幼儿出现良好学习品质时，教师应当支持幼儿的探索，满足幼儿的游戏时间，让幼儿发生深度学习的可能性不受限。教师的支持可以是允许个别幼儿在同伴儿整理玩具的过程中再玩一会儿，可以是允许他们换场地再玩一会儿，可以是全班整体活动计划顺延，也可以是下午再继续安排一个完整的游戏时间来连接上午内容……当教师想办法帮助幼儿"找时间"实现游戏需要时，幼儿能感受到教师深深的支持，在充满关爱和安全感的状态下，浸润在游戏中，创造、想象、思维、合作、表征等能力才可能得到深度发展。幼儿实现从"不肯收"到"调整游戏安排，剩下的计划下次继续实现"。

所以，功能室和户外场地的安排不再像传统那样，即在学期初就安排好每周、每个班级可以轮流去某功能室一次。在一日活动安排上，教师不仅要保证幼儿每天至少连续 1 小时的游戏，同时也要尽量保证幼儿在同一环境中某一个周或一个月的持续探究。教师要用充足又灵活的时间支持幼儿从容地"计划—游戏—回顾"，开展有深度的游戏。

三、错开时间换空间

幼儿园可以以时间的合理利用达到空间的高效利用。不同班级错开游戏时间，拓宽了幼儿的游戏空间。对空间不足的幼儿园来说，如果全园所有的班级同时进行游戏，必然十分拥挤，幼儿活动必然受限。教师采用错时游戏的方法，能够将幼儿作息时间错开。例如，幼儿园把全园班级分为 A 班、B 班两类。相邻两个班级设置幺用区域，教师将相邻的两个教室的空间布置成 6—8 个不同的游戏区域，相邻两个班级错开时间开展区域游戏。例如，当 A 班开展区域游戏时，B 班开展户外游戏，将 B 班空间腾给 A 班幼儿使用。此时，A 班幼儿可以自主选择两个班级里任意的区域进行游戏，然后再交换。错时使用场地，使得幼儿游戏的生均面积至少增加了 1 倍。

四、天气对游戏的影响

游戏的过程不可避免会遇上炎热、寒冷的季节或雨天等异常天气状况。

炎热的季节，成了教师进行户外游戏的苦不堪言的时刻。《幼儿园保育教育质量评估指南》要求幼儿每天的户外活动时间不少于 2 小时。幼儿顶着太阳运动、玩耍，不免会被晒黑、晒伤，怕热的幼儿直接躲在阴凉处，不愿意参与游戏。长时间暴露在强烈的紫外线下不利于教师和幼儿的身体健康。2003 年，世界卫生组织和联合国环境规划署发起了一项旨在帮助人们了解紫外线照射影响健康的知识，意在保护幼儿和青少年免受紫外线的侵袭。

教师可以在户外游戏区域设置遮阳设施，如安装遮阳布、遮阳伞，种植树木遮荫。幼儿通过使用合适的遮阳帽、防晒衣、防晒霜等，即使在大热天也能适当地到外面去活动。防晒是幼儿生活中的一个重要问题，从了解人体到关心环境，从科学实验到设计防晒措施，整合一系列课程，成为生活教育的一部分。

图 2-9　深圳市幼儿园里各式各样的防晒装置

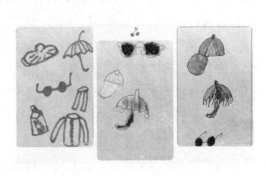

图 2-10　幼儿的绘画作品（一）

图2-11　幼儿画画作品（二）

第三节　材料多元

皮亚杰说："幼儿的智慧来源于操作。"

福禄贝尔将幼儿的教玩具称为恩物，含义是"神恩赐给幼儿的恩宠物"。

陈鹤琴先生提出，小孩子玩的玩物是要"活"的，不要"死"的。所谓"活"的玩物是指变化很多，小孩子玩了不容易生厌的；所谓"死"的玩物，就是呆板的、不会变化的，小孩子一玩就要生厌的。教师应当注意的就是给幼儿提供"活"的玩物，不要"死"的玩物。

幼儿的思维具有直觉行动性和具体形象性，幼儿是在直接感知、实际操作和亲身体验中获得发展的。游戏材料是幼儿游戏的物质基础。适宜的材料可以激发幼儿头脑的灵活性，促使幼儿以多元的方式投入环境，产生丰富多样的游戏行为，诱发学习和游戏行为，获得主动的学习和发展。例如，帐篷、桌椅等有助于引发角色游戏，面具、小纱巾有助于引发表演游戏，积木、平坦的空地有助于引发建构游戏等。

根据幼儿的游戏类别来分类，玩具材料包含角色游戏材料、建构游戏材料、表演游戏材料、区域游戏材料、沙水泥巴游戏材料、涂鸦游戏材料、运动游戏材料等；根据玩具材料的结构性分类，玩具材料包含高结构玩具材料和低结构玩具材料等。

幼儿园为幼儿提供适宜的材料有助于幼儿的深度学习。《幼儿园保育教育质量评估指南》的描述体现了玩具材料的重要性。其中指出，玩具材料种类丰富，数量充足，以低结构材料为主，能够保证多名幼儿园同时游戏的需要。尽可能减少幼儿使用电子设备。幼儿园配备的图画书应符合幼儿年龄特点和认知水平，注重体现中华优秀传统文化和现代生活特色，富有教育意义。人均数量不少于10册，每班复本量不超过5册，并根据需要及时调整更新。幼儿园不得使用幼儿教材和境外课程，防止存在意识和宗教等渗透的图两书进入幼儿园。

在游戏中,突出的材料问题主要有:①教师为完成游戏目标,严格限制材料的玩法;②投放的材料看似丰富,但杂乱、缺乏层次;③材料盲目、随意投放,幼儿游戏反受干扰;④材料功能单一,挑战性不足,无法激发幼儿的创造性;⑤高结构的现成玩具多,缺乏自然物、半成品等低结构材料;⑥缺乏利于诱发幼儿多种经验的材料。

投放材料不是随意的行为,教师要提前对材料功能进行思考和价值判断,提供给幼儿具有探索意味的、能不断互动的有价值的材料。教师需要思考:投放材料的依据是什么?幼儿如何与材料进行互动?通过操作,幼儿能获得哪些有益的经验?幼儿可以进行哪方面的学习和发展?根据操作情况,教师将如何进行调整?如何支持幼儿在操作中进行深度学习?如何保持幼儿兴趣及持续探究?

教师需要给予幼儿充分发挥与探索空间,材料被幼儿主动"发现",被全面了解、深入探索、反复摆弄。幼儿在与富有可变性、可塑性、可能性的材料互动的过程中,收获课程的体验,获得动手能力、思维水平、情绪情感、学习品质等方面的良好发展。

一、幼儿需要的材料

丰富多元的材料能激发幼儿游戏产生不同的游戏主题和内容,生成多样的游戏情节,充分发挥幼儿的积极性、主动性和创造性。教师是幼儿游戏材料的提供者,并且允许幼儿根据游戏需要,自由使用这些材料,而不限制幼儿自主选择材料。幼儿在游戏结束时要把材料送回原区。

为解决游戏中材料提供和选择等一系列问题,笔者等人开展了一次"幼儿需要什么样的材料"教研活动。

【教研活动】幼儿需要什么样的材料?

【教研背景】

近期,通过教师的游戏反馈,我们感受到游戏中师幼互动过多,教师很忙,问题出在材料无法吸引幼儿,低效率地支持幼儿学习。于是,我们专门组织一次"玩玩具"的教研活动。

【教研准备】请每位教师自带一种班上的玩具。

【教研记录】

1.教师第一次玩玩具并展示

主持人要求每人运用自带的玩具,制作一个成品。

老师们高兴地说:"哇,还能玩玩具呢,真好!"很快,老师们分别自豪地展示出了第一个成品。

2.第二次玩玩具

主持人要求老师分别用这个玩具做出另一件不一样的作品

这次的操作显然没有第一次那么轻松了。有的老师做了很久才勉强做好，有的老师则把两种玩具混搭使用才勉强完成。随着第二件作品的完成，有的老师已经开始抱怨自己选的玩具不好玩，想换玩具了。

主持人提出："如果再让你用这个玩具做出第三件、第四件不一样的作品呢？"

不少老师掩嘴笑了。

3.活动分析，得出结论

①低结构的玩具变化较多，可创造的空间较大，如雪花片、积木、乐高玩具。

②高结构的玩具由于玩法比较单一，创造性有局限。例如，那些需要看着说明书来进行操作且只有一种玩法的玩具，幼儿玩过一两次后就不好再创造了，于是不爱玩了，这样的玩具应尽量少提供。

③自然物、废旧物易收集、成本低，且没有固定的玩法，可以自由组合，能够引发幼儿的无限创意，但趣味性不够。能力较弱的幼儿需要有情境或问题的支持。

4.教研后序

回班后，老师们对班上的玩具进行清理整顿：

①将幼儿不爱玩的、同类过多的玩具收起来，对剩下的玩具进行归类摆放。

②为玩法不清的玩具提供了说明书、建构图。

③精心挑选有挑战性、创造性的玩具，如多米诺骨牌、积木、滚球插管、磁力棒等。

④请家长们带着幼儿一起收集自然物。

5.教研反思

亲身体验才能得出真知。如果教师没玩过游戏，那么又怎么能理解幼儿在游戏中的体验呢？教师玩一玩具，体验游戏并发现游戏中的问题，可以从幼儿视角出发思考材料的投放策略。通过一次教研活动，教师对什么才是幼儿真正喜欢、需要的材料有了进一步的思考。

（案例提供：厦门市同安区朝阳幼儿园园级教研）

（一）促进发展的材料

幼儿需要的材料不仅是他们喜欢的，还要能让他们在操作中获得学习和发展。幼儿根据自己的发展水平，根据游戏需要选取适宜的材料，最后操作材料。这一系列的环节就是幼儿思考的过程、认知的过程和学习的过程。

具有挑战性的材料能激发幼儿的探究欲望，促成幼儿得到成功的满足感，使幼儿获得在"最近发展区"的发展。例如，百数表是根据大班幼儿"感知 100 以内数"的关键经验而设计的游戏，零散的 100 个数字不仅需要幼儿耐心地摆放，还需要幼儿感知数字排列规律、猜测缺少的数字等。幼儿觉得这个材料"像拼图一样""要动脑筋"。但是，幼儿喜欢这个材料，因为它们"很有意思""要花很长时间"。

（二）好玩的材料

材料要具有操作性和趣味性。例如，语言区的材料投放，在大量的操作材料面前，让幼儿安静选择一本书阅读是比较难的，教师可以增加趣味性、游戏性的材料让幼儿摆弄和学习。教师可以提供录音机、耳机、电脑、点读笔和智能播放器等，让材料灵动起来，让幼儿听一听、玩一玩、摆一摆。

（三）幼儿自制材料

很多年前的幼儿园评估标准中有一项要求，要求教师自制的玩具必须占玩具总量的 30% 以上。但是，在实践中，很多人都发现幼儿并不喜欢教师做的玩具材料，甚至没几天这些玩具材料就被他们玩坏了。笔者并不认同教师花费大量时间自制教玩具，因为教师做出来的玩具主要是以纸或其他废旧物为原材料，不耐用，经不起幼儿摆弄几下；操作性不够，确实没那么好玩。

图 2-13 幼儿自制玩具

不建议教师花大量精力自制教玩具，并不意味着教师不用花时间为幼儿准备玩具材料。教师要有分析玩具材料的意识和能力，为幼儿选择适宜的玩具和材料。教师要知道什么玩具材料能促进幼儿什么样的发展，也要懂得操作什么玩具材料可以把幼儿带入最近发展区。

不提倡教师辛苦地自制游戏材料，但鼓励幼儿自主制作游戏材料。在游戏中，如果幼儿临时需要什么材料，则他们可以自己去制作。这些材料也许不像成人制作的那样精致，但对幼儿来说更有吸引力。例如，打仗的"小战士"需要"炸弹"，就可以自己用报纸去捏纸球；表演孙悟空的幼儿需要金箍棒，就可以自己找材料进行制作；有幼儿需要加装蝴蝶的翅膀，就可以自己找塑料袋或者纱巾进行制作……

二、数量适宜的材料

数量充足的材料是自主游戏开展的基本保障，直接影响幼儿的游戏质量。如果材料充足，游戏规模更大，游戏情节更有可能往深度发展，那么幼儿通过游戏获得的发展可能性更多些；如果材料不足，幼儿游戏就会受拘束，幼儿将难以尽兴，游戏缺少细节，将限制幼儿在游戏中进行深入学习和探索。

随着幼儿游戏经验的不断积累、游戏情节的不断复杂化，他们对材料的需求也会不断增大。教师需要不断增加材料的数量和种类，以满足幼儿的游戏需求，促进他们更好地学习和发展。材料的数量以多少为宜？一般以幼儿游戏结束后材料还能略有剩余为佳，数量以幼儿人数的120%—130%为宜。

例如，在建构游戏中，如果要建构大型的建筑物，那么教师就应该提供数量充足的积木，其中基本形状的单元积木是最好的选择。

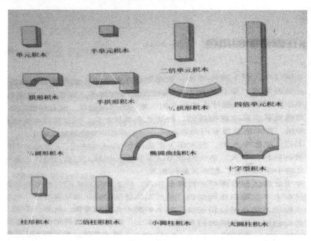

图2-14　游戏材料

如何收集种类繁多、数量充足的游戏材料呢？

这个问题是一线幼儿教师关注的问题。除了幼儿园购置的适宜的材料，生活中也有不少可利用的材料。教师要建立课程资源意识，如与幼儿进行户外游戏、散步或是周末家长带幼儿去公园踏青，大自然中的树叶、树枝、石头、松果等都可以是幼儿的玩具材料。教师可以将幼儿家中剩余的纸盒、纸皮收集到幼儿园中供幼儿游戏。

需要特别注意的是，玩具材料的投放并不是多多益善。例如，师幼共同收集美工区材料，包括不同功能的笔、不同种类的纸张、各种废弃材料、各类自然物和多样的工具。教师认为丰富的材料肯定能为幼儿游戏提供支持。但是，幼儿在游戏时可能很少用到这些材料，甚至数量过多的材料还会影响幼儿的游戏。

　　材料数量多并不意味着就一定对幼儿游戏大有益处。过多的玩具材料占用的空间大，可能影响幼儿的活动空间，也容易让幼儿分心，使幼儿不能专注地持续探究和游戏；同时，过多的材料也不利于幼儿节约品质的培养。因此，教师在投放玩具材料时，应考虑近期幼儿的兴趣和发展的需要、游戏类型的需要，做到心中有数、科学投放。

三、开放性材料

　　玩具材料按结构性分为高结构材料、低结构材料和无结构材料。

　　①高结构材料是有固定玩法和目标的材料，如布娃娃、小汽车等。

　　②低结构材料是有一定形状，但没有固定玩法、目标指向性不强的材料，如积木。

　　③无结构材料是没有固定玩法、没有具体形象特征、可塑性强的材料，如石头、树叶等。

　　在现阶段，在游戏材料投放上，低结构材料是一个热点。一些玩具只有一两种玩法，感官吸引力有限，会限制幼儿的探究和创造天赋。低结构材料具有开放性，能主动促使幼儿将它们搬来搬去、拆开、修补、设计和建构。不同发展水平的幼儿都能够按照自己的游戏意图去操作这些材料，保证每个幼儿都能玩、会玩、自主玩。例如，在沙池中，除了基本的工具，教师可以适当增加一些模具、木块、管子、木板、石头、树枝等，就可能引发幼儿更具个性特点或丰富多彩的游戏情节。

图 2-15　低结构材料　　　　　　　　图 2-16　高结构材料

　　但是，教师不是必须摒弃高结构材料。高结构材料利于幼儿游戏主题的确立和游戏情节的开展，低结构材料则有助于幼儿游戏的自主和创造。例如，在角色游戏中，一些具有主题意义的高结构材料是非常有必要的，如锅碗瓢盆、医生的针筒和听诊器。

　　年龄较小的幼儿需要一些高结构的材料，如小汽车、布娃娃；随着幼儿年龄的增长，他们需要的材料结构越来越低，如积木、积塑，甚至纸、树叶、石头等。

幼儿在生活中遇到的各种安全的物品都能成为幼儿自主游戏的玩具。常见的结构较低的材料不仅有树叶、松果、石头等自然材料，还有瓶盖、铁环、毛线团、水管、编织袋、铁丝、夹子、衣架之类的人工材料，还包括轮胎、五金、盖子、瓶子、丝巾、毛巾等生活用品。幼儿可以根据自己的游戏需要，自主、灵活地操作玩具材料和物品，以物代物。例如，毛线可以变成小吃店的面条，也可以变成娃娃的小被子；丝巾可以成为娃娃的包被，也可以成为剧场的服装；树叶可以变成门票，也可以是小吃店的饭菜。归纳如下：

（一）开放性

开放性材料可以无限变化和组合。在游戏时，教师可以对材料进行简单的设计，但不限定材料的玩法。由于目标比较隐蔽，幼儿自主的空间很大。例如，教师想让幼儿习得磁性的经验，就要有目的地投放磁铁及其他小材料。幼儿要自主地移动、操作、控制材料，积极进行思考、假设和验证，进行逻辑推理，建构经验，使得问题得以解决，从而获得深刻且丰富的认知。

例如，当教师提供球时，幼儿玩的不是拍球，而是把球放木板下玩平衡游戏，或者把球当西瓜玩"运西瓜""卖西瓜"的情景游戏。当教师投放沙包时，幼儿并不一定投沙包，还能把沙包当粮食，玩"炒菜煮饭"的游戏。

又如，对于一样的积木、纸箱，不同的幼儿可以玩出了不同内容的角色游戏。在婚礼游戏中，幼儿搬来纸箱作为舞台，拿来积木作为麦克风；在理发的游戏中，幼儿用积木做洗头用的淋浴头和理发用的推子，用纸箱做洗头池；在医院游戏中，幼儿用积木做药瓶，用纸箱当药箱……在游戏过程中，积木、纸箱作为低结构材料随着游戏内容的不断变化而变化，幼儿以物代物的能力体现得淋漓尽致。

再如，教师在数学区投放了部分自然物。幼儿可以将大小不同的松果按照大小垒成蛋糕。教师在数学区的圆瓶盖里增添了数字，幼儿不仅可以用来分类、比大小，还可以玩找数字、排序、加减法、配对等游戏。大班幼儿还可以用圆木片铺设迷宫。开放的设计和自主的创造性让幼儿可以饶有兴趣地摆弄、反复探索，设计游戏、提升难度、协商合作等，充分调动了幼儿的想象力和创造力。

低结构材料具有生发无限的游戏可能，即一物多玩。在户外游戏中，常见的一物多玩的材料有轮胎、竹梯、地垫、小椅子、充气棒、沙包、球、瓶子、纸箱等。

幼儿设计的沙包的多种玩法。

图2-17 幼儿设计的沙包玩法

这是小朋友自创的一本书，孩子们创新出很多不同沙包的玩法，虽然只有10面，但是里面的人物形象记录总结了沙包玩法。

（案例分享：厦门市同安区朝阳幼儿园大二班小朋友及郭彩云、陈艳梅老师）

沙包一物多玩，不仅能发展幼儿的投掷能力、弹跳能力、反应能力、跳跃能力、平衡能力、协调能力和腿部肌肉的力量，还可以整合计数、计时、测量、比较、合作游戏等多种目标。低结构材料的玩法创新多样，能促进幼儿动作及认知、情感等全面发展。

（二）可移动

在传统的游戏中，教师为了方便材料管理，或是过于爱惜精美材料，不允许幼儿随便移动材料，影响了幼儿自主游戏的深入开展。

在开放的理念下，可移动的游戏材料空间应用灵活，不局限于某一个固定场地。材料不是固定不动的，而是应该灵活地支持幼儿在不同游戏情境中推进游戏，使幼儿发挥想象，满足幼儿的各种游戏需要。幼儿用自己的方式计划、搬运、设计、排列、组合玩具材料，教师支持幼儿富有创造性地与材料互动，激发幼儿的想象进行创造和深度探究，使幼儿更加持续和创造地学习。幼儿手之所及的玩具材料都可以为游戏所用，支持他们在不同的游戏场景中开展游戏。例如，美工区的纸和笔等工具，幼儿不论在哪个游戏中需要制作或记录都可以去美工区寻找材料；运动区中的轮胎、木梯等材料也可以搬动、运用到任何游戏当中。

图 2-18 可移动游戏

（三）可组合

传统的游戏材料缺少组合和变化，几乎都是一成不变的，常见的是大型器械等。而开放性的材料为幼儿游戏提供了无限组合的可能。

可组合的游戏材料玩法多样，富有变化，可探索性强。幼儿随时可以改变组合方式，从而形成特点不同、复杂程度各异的游戏内容，就会有无穷无尽的玩法生发出来，形成形式各异的学习形式。例如，户外游戏如果仅有梯子，那么幼儿在游戏时基本就是攀爬、走平衡的简单游戏行为，如果再加上长短各异的木板、体操垫、轮胎等多元材料，幼儿就会组合出综合性的器械，玩自己喜欢的各种游戏，包括是运动游戏、角色游戏、建构游戏、表演游戏、科学探究等。组合可以最大限度地激发幼儿的创造力，同时也增强了材料在不同环境和游戏情境中的使用率和适应性。

图 2-19 可组合游戏

在游戏区中，所有的材料都是为幼儿的游戏服务的。在建构游戏中，幼儿不仅可以使用建构材料，如积木积塑等，也可以根据游戏的需要使用一些与建构无关的材料。以幼儿建构"大狮子"为例，幼儿先用积木建构狮子的基本外形。接着，他们可能遇到问题：狮子的尾巴怎么做呢？幼儿可以到美工区找了一根麻绳，绑在积木上当成了狮子的尾巴。接下来，幼儿开始制作狮子的鬃毛，可以找来了剪刀、尺子、彩纸、记号笔等，将彩纸剪成流苏状，粘贴在积木上当成狮子的鬃毛。在这个案例中，幼儿用了许多的材料来制作"大狮子"，既有建构游戏的材料，又有美工的材料，但是，始终围绕着"大狮子"这一个建构主题。可以说，幼儿在游戏中提出了问题，在解决问题的过程中，不断探究、发现、思考、表征积累了多个领域的丰富经验。所以，游戏的材料应是低结构、可组合、开放性的材料，并不能简单地将材料指定于某个游戏及某个领域。

四、层次性材料

幼儿的年龄特点不同，使幼儿的发展具有差异性。除了年龄差异，每个幼儿的兴趣、发展水平和智能倾向各不相同，因此，教师应该提供有层次的材料才能满足不同幼儿的多样化需求。

（一）内隐目标于材料中

教师根据平时对幼儿发展状况的观察了解，为不同发展水平的幼儿提供了不同层次的材料。教师可以将游戏目标内隐于材料中，由浅入深、从易到难地分解出系统的操作层次，以满足幼儿学习和游戏的不同需要。难易程度不同的活动材料具有不同的价值，发挥的作用也不同。在游戏前，教师要区分玩具材料的难易程度，有目的地投放在游戏区内，可以适当做标记提示，最大化地体现材料的价值。

例1：开锁游戏。锁具可以是形状和大小区别很大的，利于幼儿辨认；也可以是形状和大小区别较小的，这样的材料难度就大些；还可以加入编号，开展数学方面的操作。

例2：数学游戏区的"插花"游戏。大班幼儿通过自主探索、操作摆弄，感知数的分解和组成；中班幼儿尝试摆弄相邻数；小班幼儿感知手口一致的点数。

例3：串项链游戏。项链可以运用多种材料，属于平行的、同目标，但具有不同形态的材料；同种材料还可以有多种方式，如以颜色、形状来排序等。小班幼儿需要使用大且鲜艳的珠子，而中大班使用的珠子可以小一点。

例4：喂小动物游戏。幼儿可以依次按以下四个层次进行材料的投放：投放小勺、木珠等，让幼儿练习用小勺舀珠子喂小动物；将小勺更换成筷子，让幼儿尝试使用筷子夹木珠喂小动物；增投不同材质和不同大小的珠子（玻璃珠、塑料珠等），进一步增加夹珠子喂动物的难度；增投一批管道、暗箱，将这一材料升级为暗箱夹物和管道夹物。

在游戏中，也可能材料一致，但目标定位和幼儿参与的角色却不相同。例如，各年龄段的幼儿都会玩"医院"游戏，游戏材料投放差不多，但各年龄段的幼儿游戏的表现却是相差甚远的。

多层次的材料、多层次的玩法和多层次的目标，能够满足不同发展水平的幼儿的发展需求。如果材料没有按层次投放，则幼儿在操作中可能会始终选择最基础的材料；在分层投放后，幼儿可以有多层次的选择，能够有更好的表现，想象力和目的性也会有明显的提升。

（二）基于年龄特点投放材料

教师基于幼儿年龄特点来投放材料，以建构材料为例：

小班幼儿以大肌肉动作发展为主，能够简单地操作、摆弄和建构。依据幼儿的年龄特点和发展需要，教师可以提供中大型、轻便、便于操作的建构材料，主要有清水积木、纸砖、纸箱、奶粉罐等，以便促进幼儿关于平铺、延长、垒高等建构能力的发展。

中班幼儿相比于低龄幼儿，手指动作更加灵巧，想象力更为丰富，社交愿望更为强烈，能在建构游戏中尝试与同伴进行简单的合作建构。针对中班幼儿，提供更为灵巧的、便于多样操作的低结构材料及幼儿所需的相关辅助材料，有清水积木、纸板、纸筒、铁碗和磁力片等，发展幼儿关于拼插、架空等建构能力。

大班幼儿的小肌肉发展更为精细，抽象逻辑思维开始发展，游戏表征能力更为丰富，一方面教师提供的材料指向更为精巧、易于激发想象的低结构材料，主要有小木片、乐高、小花片、筷子、扑克牌、纸片、铁丝螺丝等；另一方面教师应该根据幼儿的游戏需要，鼓励幼儿自行设计辅助材料，进一步发展幼儿各种能力的综合运用。

表2-3 各年龄段幼儿自主游戏材料提供原则

类型	小班	中班	大班
角色游戏	鲜艳、形象的材料	形象玩具与实物原型相似的替代物	少量的形象玩具，替代性、非结构化的、多功能材料
建构游戏	大块插塑、彩色积木，形象玩具联合使用	原色积木单色插塑辅以少量形象玩具	原色积木和彩色插塑（数量多），增加非结构材料
表演游戏	熟悉而简单的作品中的角色的头饰、胸饰或服饰	各种角色的头饰、胸饰、服饰，背景道具	
沙水游戏	容器、漏斗、筛子、铲子工具等	增加小型形象玩具	提供非结构材料、科学探索材料

（三）同一游戏内容，分层次投放材料

材料的分层投放是一种有效的引导手段，能够使不同发展水平的幼儿都能找到适宜的材料。例如，在折纸游戏中，折纸步骤图可以分层投放。教师提供不同层次的步骤图，让幼儿了解操作的具体步骤，以支持幼儿掌握相关的操作技能。

层次一——过程步骤图：完整地呈现折纸步骤，帮助幼儿一步一步地理解操作。

层次二——关键步骤图：只将难度大的环节进行详细的展示，将较为简单的环节删除。

层次三——结果步骤图：只展示步骤中的成果部分。这种方式比较难，适合难度比较小的折纸活动或是教师已经教过的内容。

五、有秩序的材料

环境是幼儿美育的重要组成部分。好的环境具有美感和秩序，可以让幼儿感到清爽温馨、条理清晰，精神愉悦和放松。只有在愉悦和放松的状态下，幼儿才能最大限度地发挥自身的潜能，投入学习和游戏。例如，舒适的小沙发、抱枕、小屋会让幼儿身心放松、宁静；排列整齐的工具会让幼儿感到秩序和规则；具有美感和秩序感的户外涂鸦游戏区会让幼儿拥有无尽的想象等。出现在幼儿视野里的材料应该是完整、有序、美观的。

（一）材料投放有秩序

在游戏中，教师提倡幼儿可以移动、自主使用游戏材料，但这并不代表材料可以随意摆放。不同的物品和玩具材料应该有固定的"家"。每一份材料都可能被不同的幼儿反复操作，要使每一次出现的材料都保持完整、有序、美观，教师帮助幼儿养成良好的收纳和整理习惯非常重要。

游戏材料按照种类筛选、分布在游戏场中。教师应该将同类材料做好标记，根据不同规格将材料依次陈列。这样的分类投放使每种材料的呈现更加清晰、明了，幼儿对材料的自主取放也更加方便。

 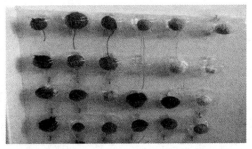

图 2-20　游戏材料

在存放材料时，教师要从幼儿的视野高度和角度出发，时刻从幼儿的视角进行审视，让幼儿能够看到、找到班级里所有的材料，这样才能更好地支持他们的游戏。所以，教师在投放材料时要遵循幼儿"看得见，拿得到，放得回"的原则，并将其化作行动力，在各个细节彰显幼儿视角。

此外，在投放材料时，教师还需根据不同场地的特征，因地制宜地分配游戏材料。例如，平整的硬化地面最适合放置块状积木，也适合放置皮球供幼儿拍球；开阔的塑胶场地适合放置梯子、长板、轮胎、滚筒等富有挑战性而且需要大空间的材料；坡地是幼儿体验加速度的天然场地，可滚动或滑动的游戏材料是幼儿坡地探索的最佳选择。

在分类整理的过程中，教师和幼儿可以一起了解各种工具和材料的不同用途和用法。幼儿在活动中能够自由、快捷、方便地找到自己需要的材料，再也不用浪费大量寻找的时间，幼儿主动学习的机会增多了，其中也出现了"创意盒子""线团的家"等幼儿生成的收纳活动。

（二）幼儿取放有秩序

游戏材料的投放应当遵循就近原则，教师应该选择靠近游戏场地且方便幼儿取用的位置陈列，保证幼儿在游戏时可随用随取。教师要充分尊重幼儿的意愿，让幼儿在各个游戏区中能自主地选择和取用材料，充分发挥幼儿在游戏中的主体性地位，让幼儿通过与材料的互动、与同伴的互动，在愉悦的情绪中获得动手能力、思维能力、社交能力和解决问题能力等方面的发展。

教师需要与幼儿通过商议，达成共识，即在游戏结束后必须物归原位。每一个幼儿在完成一份材料的使用后，应根据材料的性质将材料归类，然后整齐有序地将材料摆放在材料盘中，再将托盘摆放到相应的活动柜中，以保证下一名幼儿在使用此材料时拿到的是一份完整、有序的材料。

当然，如果幼儿的游戏未完成，第二天需要继续使用某些材料，那么教师应该允许幼儿在不影响其他活动的情况下，单独存放这些材料。为此，教师可以为幼儿准备一些储物箱。

图 2-21　游戏材料摆放整齐

教师和幼儿一起将材料分类摆放整齐，不仅提升了美感，幼儿在取放时也更方便，材料的使用率也大大提高。在游戏中，"百宝箱"的材料种类多样，并且低结构材料较多。"百宝箱"中的材料有一部分是凌乱的生活废弃物，很难吸引幼儿。教师需要思考该如何储存、分类材料以便吸引幼儿，也便于幼儿取放。教师可以在班里创设一个收藏角或宝贝屋，展示幼儿所收集的各种材料，或者组织幼儿专门到大自然和家庭中去收集他们喜欢和需要的材料。这些在成人眼里看似不起眼的物件儿，却可能是幼儿游戏的宝贝。

六、动态变化的材料

有些班级的游戏材料，一学期下来基本一成不变，这怎么能吸引幼儿兴趣呢？又怎么能支持幼儿的深度学习呢？教师需要持续动态地调整、投放材料，保持材料的新鲜度。反之，如果教师过于频繁地改变材料，则会使幼儿眼花缭乱、应接不暇，也会使教师的工作量加大，更加劳心劳力。

当班级主题活动变化时，当一种材料已经不吸引幼儿时，当幼儿有更关注的热点现象和事物时，当材料已经不适宜时，材料投放都要进行动态变化。例如，"秋游"的经历让幼儿兴趣盎然，教师可以投放旅行照片、图片、中国地图、小旗子等材料，引导幼儿玩"旅行"游戏，促进幼儿在游戏中继续收获经验、迁移经验；在阅读区，教师可以根据主题活动提供一些相关的绘本工具书，让幼儿随手取阅，寻找资料，让阅读成为幼儿生活的常态。

教师可以从幼儿使用材料的次数、滞留时间、主动性、投入程度、参与程度等因素，来综合分析这个材料是否还吸引幼儿，再来决定材料的增减。教师通过观察，对于幼儿参与度高、游戏趣味性强、富有深度的材料，教师可以认定这些材料暂时无须改变。教师如果发现幼儿忽略了某个游戏，不愿意参与这个游戏或不能很好地利用这个区域的材料，则要改变材料，吸引幼儿，为幼儿提供开展新游戏的可能性。

在进行材料动态调整时，教师可以公开地对幼儿说今天班级更换、添加或删减了什么材料；也可以悄悄更换，让幼儿自己去发现。

（一）材料的添加

当开放一个新的游戏时，教师不要将所有材料一次性都拿出来，可以先拿出现阶段幼儿最需要的或是最能够吸引他们、最能推进游戏的或是能支持幼儿找到问题答案的材料。随着探究的进展，或当幼儿的探究兴趣明显减弱时，教师需要马上添加一些新材料。

教师在原有材料的基础上增加一部分材料或新信息，能够使游戏出现新的玩法，引发幼儿在保持游戏兴趣的同时进一步对新材料产生探究欲望。幼儿经验在原有基础上迁移，使幼儿获得新的认知。

（二）材料的删减

教师在原有材料的基础上减掉一部分材料或已有的条件，使游戏出现新的问题情境，也可以引发幼儿进一步探索，想办法解决问题，持续游戏行为。例如，在进行户外活动时，教师可以减少平衡木的数量，使得其间距增大，增加挑战难度。

（三）材料的组合

材料的组合是指教师将单一的材料内容组合在一起，拓展了材料的属性和游戏的内容。幼儿在重温过去游戏的经验和情感体验的同时，会产生新的想法，推进游戏的进程。这在前面低结构材料的组合性部分已有详细的介绍。

（四）材料的再现

教师将材料暂时收起来，等过一段时间再重新拿出来。在不同的时间段，不同的幼儿会有不同的玩法。这种方法适合年龄较低的幼儿。

（五）材料的交换

1.区与区之间的交换

一种材料往往蕴含着多维的目标，教师要尽可能灵活使用现有的材料，可以轻松地达到游戏成效。例如，纽扣可投放于美工区、数学区、操作区，纸杯可投放于美工区、操作区、科学区、建构区等。

2.班与班之间的交换

不同的幼儿对相同的材料会产生不同的游戏内容，班级之间的交换既可以减轻教师的工作量，又可以让教师探讨同一种材料产生不同的成效。

总之，材料要以目标为导向进行投放；材料的调整也要根据目标的调整而进行改变；目标可能是教师预设的，教师可以根据幼儿的需要和兴趣对其进行调整。

接下来，笔者通过一个沙水游戏的教研案例，说明材料调整的重要性。

教研案例：沙水区材料投放的适宜性

观摩班级：中三班

教研记录：

1.教研组观摩沙水区第一次游戏情景，游戏后主班教师李老师进行现场反思

投放的材料	材料指向性（沙的特征）	幼儿与材料的互动
铲子20个（不同形状）、筛子20个、小桶20个、沙漏1个、吸管1包、耙子15个	细细的、颗粒状的、松散的（沙粒）、轻轻的（干沙）、流动性	幼儿一进入沙地，看见那么多玩沙的工具，非常高兴，马上拿起工具就开始铲沙、装沙、堆沙，把吸管插在沙堆上、挖沙洞。他们有的独自玩，有的几个人一起玩，玩得热火朝天。他们把这次的活动当成一次平常的自由玩沙活动。教师走过去问："你发现了湿沙的什么秘密？"幼儿忙得头也不抬："我在装沙子。"教师又问："沙子装在沙漏里会发生什么事儿？"幼儿边玩边说："沙会掉下来。"在经验分享时，教师请他们说说刚才的发现，可是他们却一脸茫然，什么也想不起来
小动物沙模若干（30个）	（湿沙）能造型	在湿沙组，幼儿拿着沙模当作铲子来铲沙，玩了一会儿觉得湿沙不好铲，就跑到干沙去玩了。湿沙区最后没剩下一个人，不少沙模都被幼儿拿到干沙区当铲子使
一次性纸杯20个、筷子10根、盐1包、小勺子5把	不溶于水	在实验组，有的幼儿把盐装进一次性纸杯里观察，有的幼儿把盐和沙一起放进一次性纸杯里，因为盐比较粗，有的幼儿一次放得比较多，搅了好一会儿，盐还没有溶解。

2. 观摩第一次游戏，教研组开展研讨，发现了问题

①幼儿能主动与材料积极互动，但很多互动属于低效率、盲目且随意的，基本都不是教师预设的游戏目标。

②材料投放不合理，太多、太杂，游戏中有20个不同形状的铲子、20个筛子、30个模具材料……过多的材料不仅对幼儿自主探索没有帮助，反而分散了幼儿的注意力，场地上也扔得到处是材料。

③材料的目的性不强，幼儿关注的更多是铲子等工具使用的技能，而不是通过工具操作来发现沙子的特点。在进行自主游戏中，教师提供的材料应该具有比较明确的目的性，让幼儿在自主操作中能够比较直观地去发现科学道理。

④操作的方法不明确，教师投放实验材料，如盐、纸杯、筷子，但完全没有事先引导，造成幼儿无目的乱玩的现象。

3. 第一次实践后，教研组协助当班的李老师做了调整

①材料的数量。材料总数量略多于幼儿总人数，铲子等常规工具多一些，按班级幼儿人数提供；模具、筛子的目的性较强，可以按小组人数提供。

②材料的种类。教师提供指向性较强的材料，如沙漏、自制矿泉水瓶等。

③区域划分。教师提供划分干湿区的标志。

4. 3天后，教研组观摩沙水区第二次游戏情景，游戏后李老师再次进行现场反思

材料投放	材料指向性（特征）	幼儿与材料的互动
筛子7个	细小的、颗粒状的、有粗有细	老师在操作前提出要求："请小朋友看一看、玩一玩、想一想，去发现沙的秘密。老师这里有很多'小博士贴'（出示奖章），谁发现了沙的秘密，等下分享的时候，老师就把'小博士贴'送给谁。"老师刚说完，幼儿马上开始玩起来，一个幼儿曦把沙装在沙漏上，沙马上就流下来，他大声说："老师，我发现了沙的秘密，沙子放在漏斗里会流下来。"老师及时肯定并及时记录下来。其他小朋友也纷纷说自己发现了沙的秘密。几个小朋友看见有一盆水，很高兴地铲了一把沙放进去。一个幼儿用小树枝搅了起来，旁边几个小朋友觉得有趣，也来一起玩。老师问："沙子放在水里你们发现了什么？"幼儿回答："变成沙水了。""沙子还在。""沙子不会溶化。"李薇和几个小朋友看见桌子上有一把扇子，就拿起来扇，一个幼儿一看惊叫道："老师，风一吹沙子就会走动。"另一个幼儿说："老师，你看，我把沙模按下去可以变成鸭子和螃蟹。"幼儿兴致勃勃地与同伴儿交流并努力去发现沙子更多的秘密
形状统一的铲子30把（足够整个班幼儿使用）、小树枝	松散的	
沙漏10个，自制矿泉水瓶	流动性（干沙）	
沙模10个	能造型（湿沙）	
装有水的脸盆1个	不溶于水	
在沙地角落的一张桌子上撒一层薄薄的细沙、扇子3把	轻轻的（沙粒）	
小博士贴（奖章）	加强幼儿探索的目的性	

5. 教研组的教师对两次游戏投放材料进行比较，记录如下

材料指向性（特征）	第一次投放材料	第二次投放材料
细小的、颗粒状的、有粗有细、松散的	铲子20把（不同形状）、小桶20个、耙子15个、筛子20个	筛子7个，颜色、形状统一的铲子30把（足够一个班幼儿使用）、小树枝
流动性（干沙）	沙漏1个	沙漏10个、自制矿泉水瓶
能造型（湿沙）	小动物沙模若干（30个）	沙模10个
不溶于水	一次性纸杯20个、筷子10根、盐1包、小勺子5把	装有水的脸盆1个
轻轻的（沙粒）	吸管1包（30—50根）	在沙地角落的一张桌子上撒一层薄薄的细沙、扇子3把

6. 通过前后两次材料的对比，教师对材料投放有了一定的体会

①材料数量应适宜，并不是材料越多越好，要保障每个幼儿都有探索的条件和可能，满足他们所需即为有效。

②材料的目的性要明确。幼儿通过操作能够达到相应的教育目标，材料要能明确指向现象和事物的关系。

③材料有针对性。教师选择的材料的大小、重量、颜色、形状等，都要符合幼儿的年龄特点，吸引幼儿的探究兴趣。

④材料使用方法要简明扼要，简单易懂，便于幼儿探索。教师也可事先说明，或提供提示图再进行引导，帮助幼儿理解材料的使用方法。

（案例提供：同安区朝阳幼儿园中班教研组）

在自主游戏中，材料随着幼儿的发展而变化。教师要改变材料固化的现状，观察分析幼儿的兴趣、当前活动主题、社会热点等，及时更新并选择恰当的材料；还要保持幼儿对材料的热情，让材料真正成为促进幼儿游戏中深度学习的助推器。

在材料的动态调整上，笔者总结出一些注意事项：

①有些材料需要每天补充，比如美工区的消耗品、画纸、折纸、橡皮泥等。

②有些材料需要每周补充，如角色游戏区的材料，每天补充不现实，可以每周调整1次。每周定一天，师幼商议游戏需要添加什么材料，怎么收集。

③有些材料随着主题的推进而变化。

④有些材料根据幼儿发展水平升级或降级。

表 2-5　幼儿园游戏材料指标体系

材料选择	游戏材料和工具要安全、卫生且易于幼儿使用和操作
	游戏材料的材质要多样，包括纸类、布类、木类、塑料类、铁铜类等
	游戏材料的规格要多样，包括可供户外活动的大中型材料、可供制作玩教具的中小型材料、可供桌面游戏操作的小型材料
	游戏材料的层次要多样，包括原材料、半成品材料、成品材料和辅助材料
	游戏材料色彩要鲜明、功能要多样，可进行实验探究、动手操作、建构、挑战、运动、装扮、观察、观赏等
	采用多种途径选择游戏材料，包括购买的材料、自制的材料、幼儿和家长收集提供的材料
材料投放	游戏材料的投放具有层次性，与当前年龄段幼儿的兴趣和需要相匹配
	材料数量和种类配置科学、合理，能够满足幼儿活动需要，既不单调也不泛滥
	材料难易程度基于幼儿当前的发展水平，循序渐进挑战，引发幼儿深入探究
	及时对幼儿操作熟练的、失去兴趣的材料进行删减，有计划、有层次地增加、改进和组合材料，促进、满足幼儿的新发展
材料管理	材料分类标准要清晰、明确，有固定的容器盛放
	材料摆放位置要固定且有序，材料的摆放位置具有教育性、暗示性
	材料难易程度基于幼儿当前的发展水平和日俱渐进的挑战性，引发幼儿深入探究
	材料的取放和使用的方法和要求明确，材料具有操作性

第四节　教师鹰架

露丝·威尔逊提出，成人的角色是为幼儿准备环境和提供他们所"需要的"信息、想法、鼓励和资源，即便有必要介入，也应当是在尽量短的时间内的侵入，是最少化的介入。成人应当清楚地知道，他们为什么加入幼儿的游戏，以及他们的加入将如何帮助幼儿完成游戏。

美国幼儿专家的研究数据表明，从来没有被成人支持过游戏的幼儿，在游戏水平上，6 岁的幼儿还是明显低于 5 岁的幼儿，而且当同龄幼儿进入下一个阶段时，他们还会被卡在这个起始阶段的问题上，他们想做但是不知道怎么办。

苏联发展心理学家维高斯基提出"鹰架理论"，这一理论又名支架式教学，是指学生在学习新的概念或技巧时，教师通过提供足够的支援来提高学生的学习能力的教学方法。这些支援包括资源、富有挑战性的任务、模板、参考、认知上和社交技巧上的指导等。当学生慢慢发展出学习的自觉时，这些支援就需要逐渐撤走了。

为了实现"真游戏"，教师要"管住手、闭上嘴"，不随意干扰幼儿的游戏，不影响幼儿的兴趣和意愿，鼓励幼儿进行多样化探索。但是，正如《〈3—6 岁儿童学习与发展指南〉解读》中所讲到的，"尽管没有成人的介入，幼儿也能在游戏中自我发展，但是有无成人的介入和指导，幼儿的发展还是有区别的。"有研究人员追踪研究了 3000 名英国儿童从 3 岁到 7 岁的教育和发展，结果发现：最有效的幼儿教育是幼儿自选但有教师指导的游戏活动。

只有教师带着欣赏的视角，以支持者的角色推进游戏，鹰架幼儿游戏和发展的方向，幼儿才能真正去探索与体验、学习与游戏。相反，如果教师带着俯视的视角和居高临下的权威感来看待和介入幼儿游戏，那么游戏就会朝着教师想要的方向发展，最终幼儿的游戏就变成教师想要的"假"游戏。教师应以"支持者、推动者"的角色在适宜的时机给予幼儿游戏鹰架般的支持，这正是幼儿教师的专业性所在。

实践中，教师在支持幼儿游戏方面存在不少问题：①不作为，把"放手"等同于"放羊"；②过多支持，干预幼儿游戏；③不知如何平衡幼儿自主与教师支持的关系；④不知如何支持、何时支持……

自主游戏由"计划—工作—回顾"组成三部分，经过实践，教师应该分别对应运用计划策略、支持策略和生长策略等来推进，使得游戏和学习富有深度。幼儿的深度学习在一般的条件下很难自然发生，需要有促发的导火索，其中最重要的就是教师的支持。教师需要做好游戏的观察者、记录者、共情者、支持者，发挥幼儿创造性思维，捕捉教育契机，生成、共建课程内容，由此促进幼儿学习和发展。

表 3-6　教师实践

实践环节	实践依据		实施策略
计划： 做足准备 导入游戏	教师根据幼儿兴趣需要和个性发展创设供幼儿进行不同游戏和学习的游戏区域，幼儿可以自由选择区域，自主决定玩什么、和谁玩、怎么玩	计划策略	教师的游戏准备： 环境创设、游戏时间、游戏材料
			幼儿自主的游戏计划
工作： 发现幼儿 支持发展	教师观察幼儿游戏行为，解读幼儿游戏行为，分析行为背后的意义和需要，这对采取正确的支持策略尤为重要	支持策略	观察游戏，解读游戏行为
			适时进退，确定介入时机
	每一位幼儿都有发展的需要，教师尊重每一位幼儿，顺应其天性，在合适的时机提供适宜的支持，促进幼儿主动发展		适宜方式，支持游戏发展
回顾： 延展游戏 促进生长	游戏不断地重复、变化和发展，幼儿有兴趣、能力和经验提升的需求，教师创造条件，提高游戏水平，促进幼儿主动发展	生长策略	回顾分享，促进经验生长
			顺学而导，促进课程生长

一、计划

在游戏前，教师要做好"课前准备"，即创设游戏环境、提供操作材料、思考游戏计划、给予充足游戏时间，以及引导幼儿制定好游戏计划，帮助幼儿在积极主动、热情投入的状态中，有目的、有计划地开展自主游戏。

（一）幼儿自主的游戏计划

多数幼儿在游戏中目的性不强，"盲目无计划"，结果就是幼儿在游戏中缺乏深度思考，游戏进入"深度环节"较为缓慢，呈现"较低水平"的状态。

"计划—工作—回顾"是是幼儿主动学习得以实现的主要方式。其中，"计划"排在首位。计划是指幼儿根据自己的兴趣和需要，独立选择相应的游戏进行探索活动的前期预想。

这个"前期预想"能够表达幼儿的想法和意图，锻炼了幼儿的思维能力、行动规划和决策的能力，培养了幼儿的独立性和完成任务的责任感。对教师来说，幼儿的计划能让教师获取理解和判断幼儿发展水平和思维方式的相关信息的机会，利于教师追随幼儿的发展需要和思维方式，进而支持和回应幼儿的想法。

游戏计划主要包含三部分内容：玩什么（选择游戏内容）、和谁玩（选择玩伴）、怎么玩（选择材料和游戏方式）。教师引导幼儿制订游戏计划有以下策略：

1. 保障"制订计划"的时间

教师要保障制订计划的时间和空间。教师可以每天抽出一定的时间，可以是晨间接待、点心时间后，也可以是饭后或离园时间等，利用 5 ~ 10 分钟的时间，让幼儿思考和制订"游戏计划"。幼儿计划自己想做什么，去哪个游戏区玩，使用什么材料以及和谁一起游戏等。当幼儿的计划有改变时，教师应该允许幼儿及时完善和调整计划。同时，教师要留出分享计划的时间，让幼儿说一说"我的计划"。

2. 多种"制订计划"的方式

经验是制订游戏计划的前提条件。每个幼儿都是独立的个体，存在明显的年龄特点和个体差异。教师要根据幼儿的差异性需要，引导幼儿采用多种方式制订游戏计划，包括幼儿独自计划、与同伴商议计划或在教师的引导下制订计划。

（1）现场计划

对于低龄幼儿，教师可以采用现场制订计划的形式。教师可以利用有趣、简便的小游戏，帮助幼儿制订计划。例如，小班教师带着幼儿玩"搭火车"，边开火车边念儿歌："火车呜呜呜，开到娃娃家，到站的乘客请下车。"即火车开到哪儿，想玩的幼儿就下车去游戏。

常见的还有幼儿的口头计划，如"等下，我要玩……"

（2）标记计划

口头计划很方便，但幼儿在行动时容易忘记自己说过什么。因此，教师引导用一些简单的符号、图标来做计划显得尤为必要。幼儿在制订计划前，必须对"去哪儿玩？和谁玩？玩什么？怎么玩？"等任务心中有数。教师需要多与幼儿交流计划，倾听并帮助幼儿说出计划。

教师可以在班级墙面上设计"今天我玩什么""我的游戏计划""今天我做主"等版块，各版块内容是代表各个游戏区的标志，旁边是每个幼儿个性化的入区标志。教师可以每天安排固定的时间让幼儿提前自行选择（如刚入园时），幼儿将自己的牌子放置在想选择的游戏区标志下面，表示选择了喜欢的游戏区，幼儿在游戏开始时需要根据自己的计划自行进入游戏。

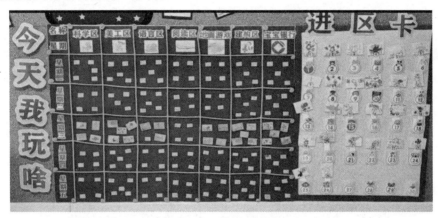

图 2-22 "标记计划"

从"标记计划"中可以看出，幼儿对自己"去哪儿玩""和谁在一起玩"有了初步的目的性和计划性，但是对"怎么玩""使用什么材料""运用什么方法""想达到什么效果"并没有太深入的思考。

（3）图示计划

教师可以用图示的形式记录幼儿的计划，从而能让幼儿的思维过程可视化，清晰且便于记忆，为幼儿提供计划、反思、回顾的机会。图示计划可增强计划的目的性和持续性，实现主动参与式探究。

图示计划对幼儿的思考、概括、动手绘图记录能力有一定的挑战性。因此，图示计划更适合大班幼儿，中班幼儿也可以初步尝试学习简单的记录。这样的计划可以让幼儿游戏更有意义、更有质量。

例如，大一班的教师与幼儿商量角色游戏的内容。幼儿根据生活经验，提出了多种想法，有想开奶茶店的、有想开停车场的、有想要开烧烤店的，还有一个幼儿提出想要开一家幼儿园，班里大部分幼儿都很有兴趣，支持这个想法。接着，教师组织幼儿一起讨论：幼儿园里有什么？幼儿园里有什么人？他们在幼儿园里做什么？请幼儿把讨论的内容记录下来。计划的表征记录充分调动了大班幼儿的已有经验，幼儿们自主探讨游戏的有关内容，将内心所想的用绘画表现出来，与同伴儿更加清晰地探讨自己的创作意图，主动去收集游戏可能用到的材料，创新道具的使用方法，使游戏更加富有深度且继续生发。

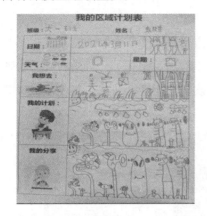 

图 2-23　区域计划表

（4）"同伴合作"计划

图 2-24　"放水烟花"游戏

随着制订游戏计划的深入，游戏计划可以从个人计划逐步发展到同伴儿合作计划。在合作计划中，幼儿选择玩伴儿，与玩伴儿一起选择活动内容。但由于个体差异，不同的幼儿在计划中的经验、协商和计划能力都存在差异。幼儿与幼儿结伴制订计划，协商分工，有利于发挥同伴儿效应，提升幼儿的计划能力和合作能力。

当然，计划往往是赶不上变化的。幼儿的思维非常活跃，自主游戏会朝着不同的方面发展，会产生新的创意和计划。在游戏过程中，根据实际，有时需要制订新的计划或者调整原有计划，这样的计划才是源于幼儿需要的。

（二）教师的游戏导入

教师在自主游戏前也要运用计划策略，包含教师支持游戏环境、游戏时间和操作材料等。在游戏导入环节，教师主要通过语言，将幼儿的思维导入预先的计划中，引导幼儿围绕话题进行思考并表达。谈话内容包括聚焦热点话题、介绍新材料、发现问题、总结并提升上次经验、游戏常规等。

1. 了解材料

教师与幼儿事先要熟悉游戏内容、游戏材料，思考游戏方式。教师要引导幼儿制订计划。当游戏区更换新材料时，教师可以提前告知幼儿，使幼儿在充分了解后将新材料更广泛地运用在游戏中。

2. 提出问题

在某些经验还需要深入研究、某些学习品质还需要巩固时，教师应该运用提出问题的形式来引入游戏。教师可以直接明了地将问题呈现在幼儿面前，引发幼儿探究的兴趣，使他们围绕问题思考，形成讨论、探究的氛围。

3. 补充经验

经验是一切行动的依托。由于幼儿的年龄特点和发展规律，有些经验的获得需要由教师引导。例如，在建构计划中，幼儿想要搭建的是桥梁，但幼儿缺乏对多种桥梁结构的认识和对相关建构技能的习得，导致幼儿制订的计划单一、没有深度、建构作品的水平较低。此时，教师要努力追随幼儿的发展需要，提供经验上的补给，如介绍斜拉桥、悬索桥、梁式桥等不同构造的桥梁，提供多种桥梁图片和建构图片，也可以让幼儿通过参观获取直观经验，还可以让幼儿以小组讨论的方式学习他人的经验等。

4. 调整计划

不可能每个计划都制订得完美，计划会因为各种原因而无法完成。有的计划太难、有的计划缺乏材料支持、有的计划受同伴合作影响……问题的出现会让幼儿感到沮丧，失去信心，这就需要教师及时支持和引导。

例如，当遇到"太难"的计划时，教师要及时介入，积极帮助幼儿分解计划内容和降低难度。首先，让幼儿将计划分解为简单的小计划，维持对幼儿对于活动的积极性，然后让幼儿分步去完成每一个小计划，最终让幼儿将分解后的计划逐步完成。

计划策略不仅仅包括在游戏引入环节中，也指在深入游戏环节追随幼儿游戏发展的需要而调整，延续游戏环节后的游戏生成计划等。

二、工作

教师不断思考每一个游戏、每一个情境能够促进幼儿哪些方面的发展，并思考幼儿有何行为表现、需要教师做些什么。虽然提倡自主游戏，但是幼儿仍然是需要教师的支持，以此为基础在游戏里开展深度学习。

（一）忍不住的教师

伴随着一次次的课改理念的冲击，教师开始尝试后退，学着放手、学着观察幼儿游戏。但是，面对幼儿一次又一次的尝试、一遍又一遍的失败，教师还能忍住吗？是不是有想上前帮忙的冲动？

在自主游戏中，有的教师过度放任，过分强调游戏的自由和自发，导致幼儿游戏水平低；还有的教师过度控制，过多或过早干预，导致幼儿自主性受到压制。

在游戏中，教师应该在哪里？现在可以询问和了解吗？相信这些是不少教师的困惑。

以下是一次教研现场，我们先一起看看教师内心的困惑和挣扎。

【教研案例】什么是游戏中的学习

【教研背景】

我（教学副园长）巡班到中班。中 2 班的两位教师正一起观察幼儿搭积木，我也饶有兴趣地参与观察。超超用积木搭建房子。房子很快就搭高了，但是由于是单层搭高，房子看起来摇摇欲坠，十分危险。超超找到了一根长长的积木，要把积木的一端搭在楼房之间，像要搭斜坡的样子，但是长长的积木一搭在单薄的楼房上，房子就倒了……这样的过程重复了好几次。我想说"你的楼房底座不稳"，提醒的话到了嘴边，但忍着没说。有几次，当班教师忍不住要上前帮忙，我连忙伸手拦着，再等一等事件的发展。但是，置身其中的当班教师并不完全理解我的想法。

……

随后，我就这一案例开展了教研活动。

【教研过程】

1. 当班教师展开反思

当班教师：当庄老师阻止我上前提醒时，我实在不理解。超超都搭不下去了，确实需要我帮助啊！我只是上前给个建议，说一句话怎么就不行了呢？好，我就忍住，不让自己轻易介入，再相信幼儿一次，给他尝试的机会。于是，我强忍住自己想冲上去的念头……

不一会儿，超超改变了主意，他不再往脆弱的楼房上搭斜坡了。他找了几块小积木一块隔一块和楼房连接成一个半圆，然后，他把斜坡架在了这些相对矮小的积木上，斜坡建成了。超超很高兴，我们也为他的坚持和成功感到惊喜。这时，我欣喜地问他："你刚才要做什么？"他说："我要搭一座伦敦桥，两边有房子的那种桥。""为什么一开始不成功呢？""这个斜坡太高了，老是倒，我搭一个低一点儿的靠在一起就牢固了，就成功了。"原来事情并不复杂，我的担心都是多余的，等待是可以看到幼儿的力量和能力的。我之所以担心幼儿无法解决问题，是因为平时我很少等待，很少有充足的耐心，给予幼儿足够的时间和机会展现他们解决问题的能力。

2. 教研组教师发表看法

主持人：这个现象虽然只是发生在一个班里，但很具有代表性。其他教师也有这样的想法和困惑吗？

教师发言：

①当我看到幼儿一直失败，我就特别想过去引导。

②在游戏时，幼儿一直在活动室乱走，我该不该干涉？

③看到幼儿瞎玩，什么都弄不出来，我该不该说话？

④东东天天玩斜坡滚珠，连续玩了好几周，我该不该请他到别的区玩？

……

我们从教师们的发言里能感受到他们的游戏观、教育观在转变，但他们依然存在着一些模糊的认知。这些疑问说明教师对"什么是游戏中的学习"认识不足。

3. 教师分成两组，分别讨论自己对"什么是游戏中的学习"的理解和认知

之后两组教师分享汇总。在分享中，教师的认知发生了碰撞，归纳出：

①幼儿的一切活动都在学习，幼儿的观察与倾听也是学习。

②幼儿随时都在学习，学习是他们的一种本能。

③幼儿的学习需要教师的引导。

④游戏后的分享是很好的学习方式，教师可以让所有的幼儿一起分享经验。

4. 布置任务

继续收集关于"什么是幼儿学习"的有关资料，可以从网上、书上找理论，还可以用幼儿的故事、作品、视频等认识什么是幼儿的学习。下周教研继续研讨。

第二周：

话题讨论：什么是游戏中的学习。

教师们借助自己收集的资料阐明自己的理解。根据大家的发言梳理出三类观点：

①一日生活皆课程，教学、游戏、生活都能让幼儿学习。

②学习是一个过程，是由兴趣到探究到解惑、由旧经验到形成新经验的过程。

③只要幼儿具备探索、操作和记忆、观察和表达、分享的愿望，就是有意义的学习。

④对于同一个知识，幼儿可以用集体活动、游戏活动、生活活动、家园合作等方式来学习，但效果不一样。

主持人：以上观点说明教师的幼儿学习观有了改变，认识到幼儿的学习是非常广泛的，是一个自发自主的过程，而不仅仅是传统意义上的集体教学活动才是学习。同时，教师也认识到同样一种学习，如果学习的方式不一样、途径不一样，每个学习者的学习成果和他个人主观的体验肯定也是不一样的。

教研心得：

通过将教研梳理出的理论与发生在班里的实际案例相结合，从而重新认识了幼儿游戏的价值，让教师们意识到：幼儿的"反复失败"恰恰是在告诉教师，他需要学习什么，他一直在努力和敢于尝试。经过教研与实践的结合，教师在观察幼儿的言行时，就会从接纳和理解的角度去分析和识别，而不是急于用自己的概念和标准去给幼儿下定义，急于介入幼儿的游戏。

（厦门市同安区朝阳幼儿园园级教研）

当游戏进行到一定深度以后，幼儿忙碌而主动地沉浸其中，教师要给予幼儿科学且适度的支持。当教师准备提供支持时，教师一定要进行"是否有必要"的判断，在支持前判断此时提供支持是否比不支持好。教师要将游戏目标与幼儿自主性相结合，积极思考如何把握好教师支持游戏的"度"，与幼儿共同深入开发游戏，把握介入时机，采用适宜方式支持幼儿，促进幼儿的学习和发展。

（二）教师介入游戏的策略

通过与幼儿在游戏中互动，教师能够发现幼儿在游戏中的兴趣与需要、坚持与投入。幼儿虽然喜欢自由游戏，但也期待教师能够加入某游戏，期待拥有教师强有力的支持，以收获更多的惊喜。因此，在发现幼儿学习品质的同时，教师要思考做些什么来回应、支持和延伸幼儿的进一步学习。

教师需要富有亲和力，秉持接纳、微笑、倾听的态度，发挥激励的效用，适宜地介入游戏，不断鼓励幼儿在游戏中主动学习，将自主游戏课程的实施价值逐步彰显出来。

教师介入游戏的注意点有以下几种：

1.把握适宜的介入时机

高宽课程认为："没有人能够代替幼儿获得经验或者构建知识，幼儿必须通过自己的主动学习建构自己对周围世界的理解。"教师需要尊重幼儿的主体地位，支持幼儿的活动，并在最合适的时机对幼儿进行引导。教师适时介入是一门技术，适宜的介入时机能够促进幼儿深度学习，促进游戏向更高水平发展。

以下是一位教师的游戏介入的指导心得：

【教师随笔】"无所事事"的幼儿

在区域游戏时，我发现班上有的幼儿频繁换区。他们在每一个区域都停留一会儿，玩一玩、弄一弄，但没一会儿就把玩具收起来，又到另一个区看—看、摆—摆、搭—搭，都没有出现什么成果。这些幼儿看起来无所事事，似乎自己也不知道想做什么……

过后，我询问了这几个孩子。

名扬说："我选择的五子棋材料，但没人跟我玩，太无聊了，我就走了。"

茜茜说："美工区折纸材料太难了，我不会玩。"

海云说："好多地方都有人，我不知道去哪里玩。"

杰森说："我想去跟沐颜玩，但是她不跟我玩，我就走了。"

幼儿表达了自己的想法。

我不禁担忧地想：这是因为教师退后了，幼儿就不会玩了吗？教师、幼儿、环境、材料、内容等，这些人、事、物到底是哪里出了问题？

在区域活动分享时，我顺势把这几个问题抛给了全班的小朋友，幼儿纷纷表达了他们的想法。

宇泽说："名扬的五子棋材料我会玩，下次区域活动的时候我可以过去跟他玩。"

圣乔说："我们可以拿美工区的折纸步骤图来看或者请学会的小朋友教我们呀。"

鸿盛说："我跟海云是好朋友，下次我可以带着海云一起玩。"

幼儿各抒己见，寻找解决问题的方法。我的"担忧"似乎多余了……

关于幼儿游戏时出现频繁换区、无所事事、学习无深度的现象，经过观察、分析，我得出以下看法：

从尊重、相信幼儿的积极视角来看，幼儿有可能是在努力寻找自己感兴趣的事，哪个都试一试、玩—玩，是寻找、观察、尝试和选择的过程。教师要允许幼儿有一个观察、寻找的过程。教师需要做的就是等待，给幼儿时间操作、尝试、做出选择。如果这个过程太长了，那么教师再给予适时的帮助。

（随笔提供：厦门市同安区莲花中心幼儿园 叶月欣）

在传统理念中，教师得像"劳模"一样忙碌。例如，教师要根据游戏目标按步骤教幼儿玩相应的玩具；按照说明、作品图教幼儿搭建；手把手教幼儿下棋、绘画、做手工；在表演区将幼儿所属年龄段常用的乐曲录制好，将相关服装准备好，供幼儿表演用……在活动中，幼儿的所有行为都是"听话"地按照教师的要求去做。当教师的既定目标没有达成时，教师就会感到游戏特别乱，游戏常规差。

在反复实践中，教师经过反思发现：有很多事还是应该做的，如创建一个适宜游戏、具有秩序感和安全感的环境；提供适宜的开放性、操作类的材料和工具、半成品等物品；给予幼儿充足的游戏时间等。而有些事则是应该教师放手，在等待幼儿的关注、操作和发展后，师幼共同建构的。在介入游戏前，教师要思考自己的介入行为是否是为了激发幼儿主动探索和解决问题，而不是粗暴给予，代替幼儿独立思考和动手操作。

教师应该如何确定介入和退后的时机呢？

在以下情形中，教师可以介入游戏：

①当幼儿主动寻求帮助时。

②当幼儿在游戏中发生安全、规则和公平的需要时，教师应以冲突为契机，迅速介入，给予指导。

③当幼儿遇到困难无力解决时，游戏难以延续，教师发现明显存在的问题，发现可以适度提升幼儿经验，应该适时介入指导，启发解决问题。

④当幼儿在一段较长的时间内，重复某一简单行为，游戏水平低下时，教师应该适时介入，引发有意义的活动。

⑤当幼儿在一段较长的时间内独自一人，无所事事时，教师应该适时介入，便于解读幼儿游戏行为。

值得特别注意的是，虽说适时的介入是必要的，但教师如果在游戏中逗留太久，没有适时退出，那么就无意中主导了这个游戏，逐步使游戏"变质"为幼儿的"假游戏"。幼儿的学习和发展会过度依赖教师的建议和控制。游戏始终要具有幼儿视角，幼儿应该是游戏的主人，幼儿始终要能自主提出自己的想法和建议。如果成人主导了游戏，那么幼儿的游戏水平就可能会由高水平回落到简单游戏的水平。所以，教师在介入后要选择适宜的时机退出，将自主的游戏还给幼儿。

2. 采用适宜的介入方式

在确定适宜的介入时机后，教师要思考应该运用什么介入方式支持幼儿，推进游戏向更高水平发展。在介入的同时，教师仍旧要注意给予幼儿充分自主权，激发幼儿独立思考、探究和主动学习。

下面有两个教师介入游戏的例子，对介入方式适宜与否做了比较。

【游戏案例】小兵战斗营

片段一：

图2-25　小兵战斗营

在户外游戏时间，幼儿分别选择了喜欢的材料开始游戏。大一班的几个男生选择了自制小手枪玩起了打仗的游戏。

我发现"医院"的"医生"很清闲，没有病人来看病。于是，我就想帮忙从"战场"上拉一些病人，医生们才有事可做。我返回"战场"，顺手拿了一个"炸弹"。小星对我的行为不放在眼里，仍然忙着朝自己的前方射击。我拿着"炸弹"，对小星说："小心炸弹！"说完，我朝小星扔出手里的"炸弹"，小星被击中了。"你受伤啦，快去医院。""没事，我没事。"小星摸摸头，没理会我的"介入"。这时候，浩浩走过来说："我是怪兽，打我呀。"说完，做出凶恶的怪兽样子。浩浩以怪兽的身份参与游戏，不再游离于游戏之外。过了一会儿，浩浩在游戏中也被击中了，躺在了地上。我赶紧上去问"需要送医院吗？"浩浩一下子从地上站起来，继续扮演他的怪兽。

【教师反思】

我介入游戏，希望促进幼儿游戏情节的发展，但是，从幼儿的反应看，此次介入的意义不大。我一心想为医院制造病人，但这并不是战争中幼儿所需要的，幼儿对于教师的建议"受伤去医院"不上心，都不愿离开"战场"。幼儿此时的兴趣主要在射击对抗上。

游戏的过程是由幼儿掌握的，我认为此次的介入没有意义。

片段二：

幼儿拿着自己制作的枪开始了作战游戏。这次他们没有像之前那样一起朝着假想的敌人射击，而是自然地分成红队和蓝队，相互射击。不过，看不出浩浩属于哪一组，他在小朋友之间来回走动，有时会用自己的怪兽"爪子"去扎别人。

"战斗"持续了几分钟后，教师看到小星倒在地上。我问旁边的幼儿："他怎么了？他受伤了吗？"浩浩高兴地说："他中弹了。"医生看见了，赶紧抬担架出来，把小星抬到医院里。小星被送到医院后,医生忙着给他打吊瓶、喂药。

这时,有人朝医生大喊:"有人受伤了,快去救他。"医生们抬起担架就往外冲,使劲儿把受伤的病人拉回医院救治。慢慢地,医院里的医生也不只在医院等待伤员去疗伤,还主动拿着自己的小药箱去"战场",为"受伤"的战士包扎。结果,医生也被击中倒在了地上。于是,哨兵、保镖开始为医生保驾护航。幼儿玩得很投入,对这个游戏很感兴趣。

图 2-26　医生扮演

【教师分析】

上次我制造机会,让幼儿与医院互动,将主观意图强加给幼儿,但幼儿不配合。这次幼儿却自发地去医院了。现在想一想,上次的介入是不是有些着急了呢?当游戏发展到一定程度时,"病号"自然而然就产生了,这说明教师管住手、闭上嘴,耐心地观察幼儿和等待幼儿真的很重要。游戏就该回归幼儿发展的本质,顺应幼儿游戏的天性。教师应该采取适宜的解决问题的方式,促进幼儿游戏能力的发展,促进幼儿经验的提升。

（案例分享：厦门市同安区朝阳幼儿园　庄秋萍）

（此案例获得厦门市第三届业务园长游戏案例评比二等奖）

很多时候教师都标榜自己是有幼儿视角的,实际上是打着幼儿视角的旗号,遵循的是成人的想法。在游戏过程中,教师要尽可能地观察。在介入指导幼儿的游戏之前,教师进行充分的观察和专业的识别判断尤为重要,不要盲目指导。

【片区教研主题】幼儿自主性游戏中的教师支持策略

学校：同安区朝阳幼儿园　　　　　　　　主持人：庄秋萍

时间：2019 年 11 月 28 日　　　　　　　记录人：王婷婷

参加人员：朝阳幼儿园 12 名教师

【教研过程】

1. 聚焦问题

庄秋萍：前段时间,我和勤英老师参加了岛内某幼儿园的开放活动,台湾地区的林佩蓉教授在观摩幼儿游戏后讲述了她在现场看到的案例。现在请勤英老师跟大家分享下游戏案例。

勤英老师分享：这是台湾地区的林佩蓉教授在观摩幼儿游戏后，讲述她看到的案例《飞机场》。

庄秋萍（辨析）：老师介入了两次，是帮了孩子还是阻碍了孩子？如果是你，你怎么介入？

檀丽华：我觉得这位老师的介入阻碍了孩子的发展。如果我是这位老师，我会选择先观察不介入。因为孩子每个行为的背后肯定有他的理由，我们为什么不先去了解他搭建飞机这个游戏行为背后的理由呢？说不定他会给我们意想不到的结果。

庄秋萍：丽华老师觉得阻碍了孩子的发展，她选择继续观察，不介入。

王婷婷：如果老师的介入让游戏更有趣味、更丰富，那么此时老师的介入就是有效的。但是，在该案例中，教师的介入让幼儿的游戏从有变成了无，我认为教师干预了幼儿的发展。如果是我，我会再观察一段时间，如果幼儿的游戏一直在同样的水平，我会偷偷地投放与飞机场、飞机有关的图片或者书籍，支持幼儿的游戏。

庄秋萍：婷婷老师选择继续观察，然后给予孩子经验支持。

张燕鹏：我觉得这位老师介入的初衷是促进幼儿游戏的发展，但是她的方式却阻碍了孩子的发展。如果是我，我会与孩子一起游戏。孩子喜欢建构飞机，说明他对飞机有一定的了解，我们可以听一听他搭建的想法，尊重他的创作。例如，你能带我一起玩吗？在玩的过程中，根据幼儿的经验和兴趣点，为他提供支持和帮助。

庄秋萍：燕鹏老师选择加入幼儿的游戏，提供支持。

张慧君：我觉得老师的行为阻碍了幼儿的发展。孩子一直搭建飞机，说明他对飞机非常感兴趣。我们应该认真观察幼儿，看一看他后续还会怎么做，解读幼儿的行为，找个恰当的时机介入。如果不需要介入的话，教师可以观察幼儿的闪光点。

余依珊：我认为老师的介入阻碍了孩子的发展。如果是我，我会继续观察孩子的搭建过程，如果孩子非常投入，可以以孩子的兴趣为出发点，引导孩子回家和爸爸妈妈一起查阅资料，了解更多关于飞机的故事、造型。生成性课程就是以孩子为主，捕捉孩子的兴趣点，就此生成新的主题，引导孩子继续探索，总结提升经验。

庄秋萍（小结）：从这个案例可以看出教师支持的重要性。教师要看懂幼儿行为。也许我们看不出来，无法瞬间解读幼儿，那么就不要贸然干预、过度关心。现在请大家看看林佩蓉教授对这个案例的解读。（播放幻灯片，教师观看学习）

图 2-27　片区教研

2. 游戏情景问题研讨

情景一：游戏混乱时

庄秋萍：目前，在自主性游戏中，教师介入游戏的现状是——高控——低控——不敢控。教师的预设没有了，内容、材料、目标、方法、环境都由幼儿做主，会出现什么状况，谁也无法预知。教师如何既解决孩子的问题，又尊重孩子的想法？

庄秋萍：我们收集了三段幼儿游戏混乱的场景的视频。如果游戏陷入混乱中，游戏还有价值吗？在台上这三张桌子上的电脑里分别有三个游戏案例，请老师们分三组研究案例，可以上网查资料，查幼教游戏书籍，研讨并记录，最后请一位老师上台介绍。

教师自由分成三组，分别选择一个小视频，进行讨论、记录，合作分析研究案例。

庄秋萍：现在哪组先来交流下你们的分析和策略。

李泓：我们组观察的是小班区域活动《娃娃家》。从视频中我们看到：娃娃家的玩具洒了一地。我们认为虽然场地看似凌乱，角色之间也出现了混乱，但是游戏是有价值的，孩子们对游戏具有很高的热情，语言能力和交往能力也得到发展。我们认为教师可以从以下几个方面介入：观察了解孩子，了解分析幼儿转变游戏角色的原因。一方面是因为娃娃家的材料太单一，已经不足以吸引他们的兴趣；另一方面是他们对照相非常感兴趣并且有一定的生活经验。教师可以以角色介入游戏，参与幼儿的游戏，如老师可以当客人到娃娃家做客，在游戏中适当地引导他们发现存在的问题。教师还可以创设情境。既然孩子对照相这么感兴趣，班级就可以多开设一个照相馆游戏，将照相馆的游戏融入娃娃家中，如照相馆上门拍摄等。教师还应该继续不断丰富娃娃家的游戏材料，增加材料的多样性，以满足幼儿的游戏需求，继而丰富幼儿的游戏情节。

此外，教师应该为幼儿提供更大的游戏空间。在视频中，娃娃家游戏场地很小，在其中无法同时进行两个角色区的游戏，教师可引导幼儿到户外、走廊等开阔的场地进行拍照游戏等。

王婷婷：我们这组观察的是小班区域活动《美工区》。在该案例中，幼儿的游戏虽然有一点乱，但这种乱是有价值的。《幼儿园保育教育质量评估指南》指出，"幼儿的学习是以直接经验为基础，在游戏和日常生活中进行的。"在该案例中，孩子们的情绪都很愉快、很投入，对游戏很感兴趣。幼儿之间有合作交往的行为，还有幼儿会使用小积木当替代物，把它们当成钱。游戏情节挺丰富的。我认为教师可以有以下支持策略：第一，隐形介入。教师继续观察幼儿，提供不一样的材料，如糖果纸、包装纸、与甜品有关的图片等，在无形中丰富幼儿美工区撕、贴、粘、搓等技能。第二，间接介入。教师可以参与游戏，与幼儿交流，潜移默化地影响幼儿的游戏水平，引导幼儿尝试改变游戏场景桌子位置的布局，如可以把桌子摆成甜品屋的形式，避免场地过于拥挤。

3. 问题介入

在不影响幼儿游戏意愿的情况下，教师可以通过一个问题或者建议，给出一个鼓励或者参照物来支持幼儿的游戏行为。但不管教师采用哪种介入方法，都要以不干扰幼儿游戏为前提，以不破坏幼儿游戏的兴趣和发展为原则，要以幼儿获得游戏体验和促进幼儿全面发展为目的，在一种自然的状态下进行。

张燕鹏：我们这组观察的是大班闽南游戏区《拔河》，我先来介绍下视频内容。孩子们在游戏的过程中尝试了各种不遵守规则、无规则的游戏行为，这些失败的体验，让他们对这个游戏的兴趣更浓厚。在游戏中，有的孩子就提出了游戏规则。孩子们逐步建立游戏的规则。当游戏进行不下去的时候，我们认为教师可以有以下支持策略：第一，引导幼儿一起观看《拔河》的游戏视频，丰富他们的游戏经验。第二，教师提供材料，如号码牌，让幼儿自由选择自己的号码，自主分队。第三，教师参与游戏，提问：你们遇到了什么问题，大家有什么好方法可以分享的吗？

庄秋萍：谢谢三组老师的交流分享，现在请我们杨园长进行点评。

杨丽芳（园长）：一个个关于"乱"的故事引起了大家的激烈讨论。其实，只要探究了"乱七八糟"背后的真相，老师就能理解幼儿的行为。很多时候，我们眼中的乱七八糟在孩子眼中并不乱，而是他们心中想法表现出的一个形态。乱象只是一扇门，推开它，看一看、听一听，就会发现真相，发现一片广阔的天空。

只要是儿童感兴趣的、能促进发展的游戏就是有价值的。只要孩子有兴趣，很专注，努力参与，学习和发展就可能发生和实现。老师要大胆放手，细心观察儿童，与孩子们一起游戏，对孩子行为的注意、辨识给予准确的支持策略，引导孩子深入探究和学习，就能衍生出一个个追随孩子兴趣和需要的课程，让"魔法时刻"成为课程的生成点。

情景二：游戏重复时

庄秋萍：刚刚我们探讨了游戏混乱时教师可以怎么做。还有一种情况也是经常出现的：有时候幼儿总是专注于重复参加一个游戏，每天的角色和故事线索都是一样的。重复游戏不会产生大问题，不会乱，所以经常被忽视。那么现在请大家分为两组。一组模拟情景表演幼儿自主性游戏中常见的重复问题，另一组在讨论后选派队员担任教师，观察并解决出题组的问题。两组分别担任情景表演组和观察解决组来开展活动。杨园长担任评委，点评解决问题的方式。

教师分组：一组当幼儿表演，另一组当教师观察介入。

研讨：发生重复行为如何介入合适？

幼儿组重复游戏，当第四次游戏时，教师介入：

师：小朋友们，我可以和你们一起庆祝生日吗？

幼：可以。

师：今天是谁的生日啊？

幼：（异口同声）我！

师：哇，原来今天大家都过生日啊。今天你们都收到生日礼物了吗？

幼：没有。

师：大家说—说你喜欢什么礼物？

幼：糖果、玩具、娃娃、蛋糕……

师：老师不知道今天大家生日，也没来得及准备礼物，一会儿我们大家一起来做礼物再交换好吗？

幼：好啊！

师：那我们就到班级寻找你需要的材料一起来做礼物吧！

（情景表演完毕，教师就座。）

庄秋萍：刚刚李泓老师以参与游戏的方式，引导幼儿一起制作不一样的礼物。其他老师还有什么策略吗？

张雅莉：我觉得如果是我的话，我会以角色介入他们的游戏，引导他们从蛋糕方面进行思考，如可以引导他们多认识蛋糕的形状、款式等，把他们对蛋糕的专注转移到其他替代性的事情中，以角色扮演介入幼儿游戏，帮助幼儿进一步丰富游戏情节。

王婷婷：我觉得可以悄悄地投放各种不同造型的蛋糕图片。

庄秋萍：雅莉老师是参与游戏的策略。婷婷老师是从知识上提供支持。

陈佳佳：如果是我，我会从材料方面提供支持，提供与游戏有关的辅助品，让孩子们的游戏情节有所发展和延伸，如提供切刀、盘子，孩子们可能就会想到切蛋糕、分蛋糕。但他们没有盘子装，就能引导他们建构生日所需的物品。

杨园长点评：重复游戏不会引起大问题，因为很容易被忽视。但如果老师没有抓住它，那么幼儿就会失去一次成长的机会。当幼儿沉浸于游戏情境中时，老师的目的就是拓展他们的游戏情境，比如增加与主题相关的材料、提供建议、加入游戏扮演角色等。教师应该通过建立而不是控制的方式，根据幼儿的兴趣和友谊来想办法，帮助他们发展合作、兴趣和游戏技能。

庄秋萍：那现在我跟大家分享一下有关幼儿重复游戏时，教师可以参考的"决定树"思路图。（用幻灯片展示）

我们不仅要做到教育观念的改变，还要将新观念落实到教育行为中，改变之路还很长。任重道远，一起努力！

（案例提供：厦门市同安区朝阳幼儿园片区教研活动）

教师在观察幼儿游戏的基础上要有三个思考：

思考一：当下发生了什么？

思考二：我需要介入吗？

思考三：如果我介入会不会干扰幼儿？

教师如果反思自己的介入会干扰到幼儿，那么就应该视需要选择退出、等待；如果不会干扰幼儿，那么就可以选择大胆介入。

在教师介入完之后，还可以继续围绕三个方面来进行思考：

思考一：我的介入是否尊重幼儿的游戏意愿？

思考二：我的介入是否帮助幼儿获得了新经验？提升了幼儿的游戏水平？

思考三：幼儿对我的介入是否有积极的响应？

这一系列的思考能够避免教师的无效介入和负效介入，同时也能够帮助教师提升游戏指导的实践和反思能力。

在实践中，支持的介入方式有材料调整、问题助力和提出建议等。

（1）材料调整

在游戏中，教师会发现原本适宜的材料逐步变得意义不大，或者与幼儿的学习和发展需要有偏差。游戏中的材料不能一成不变，而应该是动态发展的。材料是否符合幼儿发展需要、材料数量是否充足、幼儿对材料是否感兴趣、材料的操作性如何……这些问题都是教师需要观察和关注的。教师通过材料的添加、删减和组合，能够逐步实现"隐性指导"。教师精准地投放，及时调整和改变材料，能够使之更加适宜，更加符合幼儿的"最近发展区"，推进、支持幼儿游戏富有深度的发展。

课程故事：大轮船（节选）

【故事发展】

1.建大轮船

青青看到教室边上存有大量的泡沫板和泡沫箱，于是想用它们搭大轮船。青青"建大轮船"的计划得到了教师和其他幼儿的支持。他们先把泡沫板平铺，再用胶带捆着将泡沫板连接在一起，搭建好了大轮船。但金金说这艘轮船不太像，没有船舱。这时，幼儿们发现了一个泡沫箱，于是用它来当大轮船的船舱，周围环境里有支持作用的因素被利用起来了。更多的幼儿被吸引到这里来，他们一起商量做什么，然后分工：有人画设计图，有人做船头，有人做船尾，有人找国旗……

图 2-28　建大轮船准备

在长达 2 周的时间里，每天都有将近 10 个幼儿在这里。他们在初步分工后，努力完成自己的任务。这期间，我一直观察、陪伴着他们，看到了他们的许多的闪光点：幼儿用泡沫板、双面胶、宽胶带做出高且尖的船头和低一些的船尾。师幼共同上网查找大轮船的样子，意外地看到现实中有人把自己家里的床或饭桌改造成大轮船呢！

2. 轮船下水

轮船不能下水那怎么能算成功呢？幼儿提议要把大轮船抬到水池里。一群幼儿围着轮船，期待载人成功的时刻。可惜的是，金金一坐上去，轮船就散了一半。金金也掉到水里，弄湿了衣服。第一次尝试失败了。

图 2-29　实验大轮船

幼儿一起寻找失败的原因。通过观察，他们一致认为透明胶、双面胶遇到水就会脱胶。该用什么胶呢？青青说："保安叔叔手里有一瓶玻璃胶，玻璃胶可以粘木头，应该也可以粘住泡沫板。"

于是，在保安叔叔的帮助下，他们粘好了大轮船，还用绳子进行了加固。放置了几天，等玻璃胶彻底干透，他们又开始了第二次下水。这次的尝试成功了，青青稳稳当当地坐在大轮船上，一群"水手"推着大轮船前进。这是非常激动人心的一个场景！

在游戏过程中，教师一直在物质和精神上支持着幼儿。教师调整了美工区的材料，大量增加了原始、有趣的低结构物品，始终帮助幼儿合理利用空间环境和材料……这些都是教师对幼儿游戏做出的回应。同时，幼儿们在得到有效的回应后，衍生出了更有创造性的游戏内容。

3. 课程延伸

班里的两本书《揭秘海洋》《揭秘船舶》吸引着幼儿在阅读时间里寻找可以支持自己游戏的新信息；小船长又对大海里的事物发生了兴趣，带来了《海底世界》……

【故事感悟】

在幼儿专注的探究过程中，学习和发展就这样自然而然地发生了：有社会领域的分工合作、商议、谦让、接纳；有语言领域的倾听、表达、交流；有艺术领域的制作、绘画；有健康领域的推、挪、搬、摆、做等动作发展；有科学领域的测量距离、空间布置、推船的角度和方向……持续的游戏兴趣和不断拓展的游戏内容，促进着幼儿在多个领域的发展，支持着幼儿富有深度的探究。

（案例提供：厦门市同安区朝阳幼儿园 庄秋萍）

幼儿在与教师、同伴儿、环境、材料、事情发展的交互作用中，展现着学习和发展的力量，让他们看到自己是有能力、有自信的学习者。

（2）问题助力

波普尔认为"科学和知识的增长永远始于问题,终于问题"。在游戏中,教师要支持、鼓励幼儿主动发现游戏中的问题，借助问题的支持来助推幼儿游戏进一步发展。

教师需要基于促进幼儿认知发展的角度，以及对幼儿已有经验的了解，注意和发现有学习价值、需要解决的问题，并运用不同的提问技巧和创设问题情境的方式来引导幼儿识别和回应问题，对问题和可能解决的方法进行更深入的思考，进而主动解决问题。教师需要根据年龄、性格、能力差异和游戏情况灵活采用选择式、填空式、开放式和追问式问题，引导幼儿识别和回答游戏中的问题，促进幼儿的思维。一个个具有挑战性的问题能够将幼儿有效地纳入"兴趣—探究—兴趣—再探究"的轨道中。

①开放性提问，支持幼儿探究。教师适时、适宜的提问能鼓励幼儿去思考、解决问题，也能鼓励尝试运用新材料、使用新方法或者生发新的游戏主题。教师通过提问，能够唤起幼儿的已有经验，引发认知冲突。教师不要直白地问"封闭式问题"，如"这个是大还是小？"这种问题的答案唯一且封闭，意义不大。开放性的问题有助于幼儿思索，挑战幼儿思维，能有意识地引导幼儿了解客观事物之间的内在联系，使幼儿学会通过观察比较进行学习，并成功解决问题或者获得有益的经验，产生源源不断的学

习兴趣和好奇心。

下面是一些常见开放式的问题：

你发现了什么？

你为什么要那样做？

你还有什么好方法呢？

如果你……，会发生什么事情？

你还需要什么材料才能完成任务呢？

关于这些问题的解决，你有什么想法？

……

提问的对象可以是个体、小组或者集体。教师通过开放性的问题的答案，能够充分了解幼儿的想法，了解幼儿在哪些方面需要帮助，需要增减什么材料以及何时需要帮助。

对于不同的游戏类型、不同的幼儿、不同的互动场景，教师可以用不同的提问方式适宜地提问，只有这样才能引发幼儿深入思考，促进幼儿游戏水平的不断提高。

②优化教师的回应。

幼儿1：机器人为什么会动？

幼儿2：有电、有开关……

教师：你们看，这有块太阳能板，晒了太阳就能发电。

幼儿1：晒太阳就能发电？那我天天晒太阳，怎么没有电？

……

幼儿在游戏中随时都可能生成各种奇怪，甚至令人忍俊不禁的问题。有的问题需要教师即时回应，有的问题则需要教师鼓励幼儿继续探索。教师要及时判断对于什么样的问题需要采用什么样的策略。教师好的回应既能满足幼儿的好奇心，又能保护幼儿的问题意识，还能引发幼儿的进一步讨论。所以，教师要努力提高自己回答幼儿问题的能力。

对于幼儿提出的常识性问题，教师可以直接给出答案，但是，要避免采用灌输式的回应。例如，幼儿问"这是什么花"，教师可以直接告知"这是菊花"，还可以追问幼儿："它是什么颜色的，是什么形状的，有没有香气"。

对于幼儿提出的具有进一步探究价值的问题，教师的回应就需要能给幼儿提供继续探究的线索。例如，幼儿提问："为什么有的地方冬天会下雪，有的地方不会下雪？"教师如果回答："你们自己去找找资料。"这样的回答很开放，但并没有给幼儿任何进一步探究的线索。此时，教师可以说："我们来看一看地图，这些地方的位置有什么不同？"这就给了幼儿一个抓手、一个方向、一个进行比较观察的支架。教师为幼儿提供适当的提示，可以增加幼儿继续探索的信心，也可以鼓励幼儿合作探索，共同寻找解决问题的办法。

（3）提出建议

在游戏中，幼儿产生的问题尽量让他们自己判断和解决。教师可以提出自己的建议供幼儿参考，但不能武断地要求幼儿一定遵照执行，如果一个问题具有普遍性就可以请全班一起讨论解决。例如，连续几天，珊珊和晨晨在娃娃家里进行着简单的重复游戏。看到这个现象，教师建议两位女孩儿制作一份超市购物清单，于是这两名女孩儿商量要购买的物品，用笔记录在纸上，教师帮她们做了文字记录。接着，她们拿着清单去超市购物，游戏内容逐渐变得丰富。虽然这一过程中有成人的建议和帮助，但幼儿要思考自己打算在超市中购买什么。对幼儿来说，这也是一种更具认知性的参与，幼儿需要在个人经验的基础上厘清自己的思路。

如果珊珊和晨晨没有积极回应教师的这个建议，那么教师也不会强行要求她们必须这么做。教师还会思考用其他方式介入，帮助两名女孩儿开展游戏。教师要小心避免将幼儿游戏变成由教师主导的课程，游戏内容仍然应当由幼儿决定和实施。

【游戏案例】制作门票

在游戏中，两位幼儿在小舞台下看戏。他们因为座位问题发生了冲突。老师了解到幼儿手中的票只是小卡片，并没有写出几排几号，就说："我们都看一下手中的门票是几排几号，就可以知道自己的座位在哪里了。"两名幼儿发现票上没有号码，恍然大悟，于是商量着一起回去找卖门票的人，让他做好位置序号。

接下来，幼儿们商量并制作了新的门票。门票上标明了座位号，在游戏中再也没有发生过抢座位的现象。因为增添了制作门票的情节，幼儿观看演出的积极性也随之提高，还生成了与门票相关的其他游戏活动。这种表征加强了幼儿的交流、沟通，也为幼儿提供了一种游戏化的学习机会。

图 2-30 制作门票

（案例分享：厦门市同安区朝阳幼儿园 庄秋萍）

【年段教研】如何支持幼儿游戏（案例分析）

1. 中 2 班的陈老师提出了一个案例，请年段的教师一起分析并思考推进的策略

案例：游戏桌里装有不少沙子，陈老师提供了小型的塑料铲子和容器。陈老师预设幼儿可以用这些工具探索沙子的量或者估计多少小量杯的沙子能填满某一容器。第一天，陈老师发现幼儿在游戏桌玩沙时嘻嘻哈哈。有的幼儿用力挖沙子，沙子被弄得到处都是；有的沙子弄到幼儿的眼睛里；有的沙子撒到地上，导致幼儿在行走时滑倒；有的幼儿的声音很大，影响了别的区域。陈老师在一旁反复提醒幼儿，并且向幼儿描述沙子的外观和触感，但都没有起到什么作用。

陈老师认为该游戏已经"混乱失控"，教师必须介入干预。在上面的案例中，教师的"提醒"并没有改变幼儿的游戏，混乱失控的游戏仍在继续。对此，陈老师想向年段的教师求助。

2. 教研组研讨

黄老师：我建议用纪律去约束幼儿。将几个调皮的幼儿分开，让他们停止游戏，安静地坐一会儿。

吕老师：或者先将这个材料收起来。

多数教师认为，将幼儿分开、将材料拿走或者结束游戏这种纪律约束应当是最后的选择，教师首先还是应该先尝试其他干预手段。在游戏中，教师要尝试更好地转化这种混乱失控的游戏，从而帮助幼儿兴趣盎然地进行更有深度的游戏。教师只有在尝试了多种其他手段仍旧无法让幼儿专注于游戏后，才能使用比较强硬的手段。

主持人：教师应该再多问—问自己：我还可以如何进行干预，才能支持幼儿的游戏？环境？材料？提出问题？提建议？

陈老师及配班教师决定再思考、尝试一下新的干预手段。

一周后，陈老师分享了他们的游戏新进展。

教师去图书馆借了一些关于考古的书，将这些考古故事讲给幼儿听，让他们知道人类是如何在土壤中发现动物遗体或化石，以及这些动物遗体可以为科学家提供信息，让人们了解不同历史时期地球上的生命。幼儿对恐龙化石产生了浓厚的兴趣。然后，教师将小动物和小恐龙模型埋到沙里，幼儿学考古学家小心地寻觅，再将它们挖出来。教师将玩沙用的工具、铲子和容器，换成了小刷子和勺子，让幼儿运用小肌肉动作技能，细致地挖沙。一旦幼儿在沙里发现了小玩具，教师就会鼓励幼儿将它们按照类型、大小、生活的时代分类，并且制作表格进行记录。教师协助幼儿对在沙中的发现进行分类和记录。

教师通过增加玩沙活动的复杂性，不仅平息了幼儿混乱的游戏行为，还提高了幼儿在游戏中的认知和挑战。

（案例分享：厦门市同安区朝阳幼儿园大班年段教研组）

支持幼儿游戏的目的应该是帮助幼儿进行更高水平的游戏，实现深度学习。当教师渐渐合理地退去，提供鹰架支持，幼儿的深度学习才可能显现出来。而教师的"组织""管理""控制""教育"少一些，幼儿投入情感、产生兴趣的积极性才更有可能出现。

（4）分层指导

有些游戏，虽然材料提供基本一致，但对于不同年龄段幼儿的目标定位不一样。以游戏"超市"为例，大、中、小段幼儿都会玩超市游戏，所需要的材料内容大同小异。但不同年龄的幼儿在游戏时，教师提出的目标和要求是不同的。

小班幼儿——学习购物，知道买和卖的角色不同。

中班幼儿——初步尝试根据需要购物，初步了解为他人服务的技能。

大班幼儿——设计购物计划并按计划实施购物、熟悉超市服务人员的服务技能。

在角色扮演中，小班幼儿一般只需要在超市扮演顾客的角色，工作人员由教师、师幼共同扮演角色，引导小班幼儿形成良好社会合作能力和规则意识；中班幼儿需要初步学习扮演工作人员，教师只在适宜的时候介入，引导游戏深入开展；大班幼儿可以自主协商、分工不同角色，并在游戏中进行合作、交流，创造性地完善游戏，而教师则只需要在适宜的时候介入，指导幼儿开展富有深度的游戏。

（5）合作学习

不是每次的游戏支持都是由教师介入的。幼儿之间的相互模仿和学习随时都可能发生，以强带弱是幼儿在游戏中的一种自然的学习状态。游戏活动会因为幼儿之间的相互学习和模仿而不断出现新的创意和转机。

以编织游戏为例，由于这一游戏对认知和动作技能要求比较高，有些幼儿表现出低水平状态。教师需要鼓励幼儿结伴儿玩，群体中只要有一两个幼儿编织水平较高，该群体的编织水平就很快会得到提高。能力强的幼儿编手链，能力弱的幼儿在旁边仔细观察，尝试模仿。幼儿通过观察和模仿，能够实现技能的"飞跃"。

图 2-31　编织游戏

　　总之，在自主游戏中，教师要隐去高高在上的权威形象，平等地与幼儿互动，尊重幼儿的游戏意愿，发挥幼儿的主体作用，谨慎介入游戏，使幼儿接纳自己。

三、回顾

　　在游戏的回顾、分享环节，有的教师泛泛而谈，一带而过，或者仅仅针对游戏常规给予讲评；有的教师则会发出固定"三问"："你今天做了什么？用了什么材料？和谁一起玩？"再深入一些的，加上一句："你遇到了什么问题？"除此之外，类似"下次再给大家看好吗？""好的，太棒了"的无效语言，使教师未能与幼儿进行有效互动，教师不知道还可以怎样帮助幼儿梳理和拓展游戏经验。

　　在每一次游戏过后，教师要看到游戏延伸发展和幼儿向前生长的可能，有效组织幼儿通过回顾分享、课程生长的策略，准确找到可推进的生长点，促进幼儿的经验生长和游戏生长。

（一）回顾分享，促进经验生长

　　自主游戏的回顾分享是指教师在观察幼儿、把握幼儿活动情况的基础上，组织全体幼儿进行回顾和表达所做、所学，用丰富的语言支持再现相应活动经验的过程。

　　这个环节对幼儿语言及思维具有很大的促进作用：

　　①有助于幼儿将随意操作变成有意探索。

　　②有助于幼儿互相倾听，丰富表达方式。

　　③有助于幼儿梳理经验，共享成果。

　　④有助于幼儿的个别兴趣推动群体。

　　⑤有助于解决活动中幼儿存在的共性问题。

⑥有助于发现幼儿兴趣点，为下一次活动开展提供支持。

⑦有助于幼儿分享游戏中的情感。

游戏的回顾分享可以从以下几个方面侧重展开：

1. 作品分享

幼儿使用不同类型的绘画和书写工具，并在纸上表达自己的想法，引发书写行为。这是一种"看得见的学习"的形式。

教师要思考每一个游戏区适合什么样的作品表征类型，而不是简单地将纸和笔摆放在区域中。例如，幼儿在美工区完成了作品后，可以在作品上贴一个标签，写上自己的名字和自己对作品的描述，并且将作品放置在托盘或架子上进行保留。在"植物的家"的游戏中，幼儿为植物找了沙子、泥土、水三个"家"，做"哪个环境适合植物生长"的小实验。教师专门设计一份记录植物生长过程的记录单，让幼儿做好植物生长过程的记录。通过记录单所记录的植物变化，幼儿能够对植物的生长过程有进一步的了解。幼儿通过口头汇报和文字记录等方式进行表征，体现了幼儿游戏的效果，拓展了幼儿游戏的深度。

幼儿之间存在个体差异，不同幼儿的能力、兴趣都不同。在回顾分享时间，教师根据游戏情况，在发现某些有创意的作品或创新的玩法时，可以引导幼儿向同伴儿介绍自己的作品，可以是制作方法、创作动机和创作乐趣，以个别的兴趣推动群体兴趣，引发其他幼儿的模仿、竞赛和合作。教师可以在班级里设置展示板和展示桌，幼儿在完成作品后可以先拿到这里进行预约展示，也能让教师对交流、分享的内容有所准备。例如，在美工区，一帆的作品是水粉印画《花朵》。教师引导一帆介绍自己的作品。一帆不仅呈现了作品，还介绍了作品的制作过程和创作动机。接着，教师引导其他幼儿对作品进行评价，使幼儿从中获得生长经验。

幼儿创作作品都有自己的想法，教师要尊重幼儿，不主观臆断，才能看到他们眼中的世界，才能走进他们的内心。但是，有些分享属于个别对话，与他人无关。作品分享要有共同分享的价值。分享能够帮助幼儿表述他们在游戏中的愉快体验，感受心灵交流的快乐，满足表达的愿望。

【游戏案例】最难的部分

岚岚：我做了一个京剧脸谱。

老师：京剧脸谱？哇，听起来挺有趣呢。你用了哪些材料呢？

岚岚：纸、剪刀、笔，还有毛线。

老师：你用了好几种材料来做脸谱，能说一说你最先做的是哪一部分吗？

岚岚：我画了两边一样的人脸，涂上颜色，接着用剪刀剪下来，然后穿上两根绳子戴上。

老师：这几个步骤，你觉得哪一步是最难的呢？

岚岚：把脸谱戴到头上最难做。

老师：那你是怎么解决这个难题的呢？

岚岚：我自己扶着脸谱，让帆帆帮我系带子。

老师：帆帆，你能跟我们说一说，你是怎么帮助岚岚把脸谱的带子系起来的吗？

帆帆：把两个（绳子）这样，这样就系好了。

老师：你能给我们具体演示一下吗？

帆帆一边演示，老师一边描述帆帆的动作："先把两根绳子交叉，然后沿着头围拉紧，再把两根绳子交叉，再拉紧，这样就系好了。"

【案例反思】

教师和幼儿谈论游戏中"最难"的部分，引发幼儿描述游戏过程，教师及时帮助幼儿重构经验。由幼儿个别经验到共享经验，引发幼儿共同学习。

（案例提供：厦门市同安区朝阳幼儿园 庄秋萍）

照片和视频都是能够捕捉游戏精彩瞬间和美好时刻的表征形式。教师为幼儿拍摄，能使幼儿觉得自己的行为受到重视，觉得教师认可他们的表现，并且获得继续这一游戏的鼓励。平时，幼儿用积木或操作材料搭建、拼装作品，在收拾玩具时，作品就会被推倒、拆开。教师用照片记录这些作品能够让作品永远存在，能够使幼儿回味无穷。教师在游戏的照片旁附上幼儿的描述，使口头语言和书面语言建立联系，也是保持记忆的一种方式，甚至还有助于幼儿在此基础上进一步发展游戏。

在无法呈现作品的情况下，教师将拍摄到的搭建场景回放，并配合幼儿的讲解，能够清晰地呈现活动过程。同时，教师可以引导幼儿提出看法、发表意见，帮助幼儿获得经验。

图 2-32　搭建游戏

在作品介绍的过程中，幼儿梳理并回顾了游戏历程，教师使用照片，加上幼儿的绘画记录，配以幼儿的描述和教师的解释，十分形象且方便。教师通过聆听幼儿的介绍，能够更加准确地捕捉幼儿的兴趣点，发现幼儿的学习和发展水平，进而进行分析，推进游戏生长。这样的方式有利于教师养成发现幼儿、细致观察、不断反思的专业好习惯。

2. 讨论反思

游戏结束后，教师需要组织幼儿进行集体或小组的交流和分享，幼儿需要尽可能清晰、完整地回顾自己的游戏。教师可以帮助幼儿反思梳理、概括和提升游戏经验，逐步建构经验，实现游戏经验的共享和推广。教师通过个体的和集体的反思，可以把幼儿零散的经验转化为有体系的知识链条，使幼儿的随意操作变成有意探索。

教师通过倾听幼儿的交流和分享，或针对幼儿记录的游戏故事提出问题，组织讨论，引发幼儿回顾和思考，进行有效反思。幼儿有效反思不能仅仅用"是"或"不是"、"好"或"不好"这样的回答。因此，教师应注意提升自己提问、追问和回应幼儿的技巧，让幼儿以问题为导向，明确目标和方向。例如，小班的幼儿将罐子垒高，分享时，他说高高的罐子倒下很开心。教师提出问题：你搭了几层？能更高吗？怎么才能不倒下？

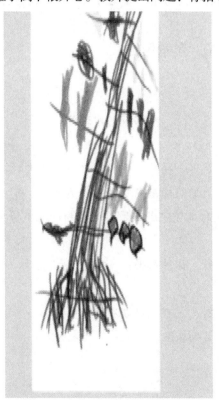

图 2-33　搭建游戏反思

【**教研活动**】有效提问（节选）

在大班，幼儿在建构游戏后，先讲述了自己搭建多米诺骨牌的过程。接下来，教师可以提出什么问题帮助幼儿梳理经验，引发反思？

"你们为什么要搭多米诺骨牌？"——引导幼儿回顾主题来源。

"你们觉得怎样才算是最好的？"——引导幼儿归纳、提升经验。

"在设计图纸时，你们考虑了哪些问题？在搭建过程中遇到的材料不足等问题，有人想到过原因吗？"——引导幼儿反思游戏计划的全面性。

"你们想出了几种方法？你们觉得自己的方法怎么样？这是最好的办法吗？"——引导动儿回顾自己解决问题的办法，提升和拓展经验。

"你们觉得大家的建议怎么样？哪些是对你们有用的？"——引导幼儿学会有选择地吸取和采纳同伴的建议。

"当别人也遇到这样的问题时，你会怎样帮助他，或给他什么建议？"——引导幼儿总结和迁移游戏经验。

（案例提供：厦门市同安区朝阳幼儿园 大班教研组）

【游戏案例】强行打疫苗

分享环节，东东生气地说："我都已经打过疫苗了，医院的医生还让我再打一次。我不打，他们还追着我打。"

教师组织幼儿讨论：医生这样给人打疫苗，合适吗？

珊珊：这样做是不对的。很没礼貌。

瑞瑞：东东都说不做了，他们还强迫他。

晨晨（医生）：可是别人都打了，就东东没打，所以我们才追他。

东东：我昨天已经打过疫苗了。

西西（医生）：昨天打了和我们医院打是不一样的。所以，你要打两次。

教师：孩子们，你们听了他们的讨论，你们觉得东东还要打疫苗吗？

一部分幼儿觉得要听医生的，不然医生的工作完成不了；一部分幼儿觉得要听东东的。

教师：如果有人抱住你，要强行给你打针，你愿意吗？

幼儿一致回答：不愿意。

教师：当别人不愿意时，我们不能强迫别人，可以想办法说服他。

幼儿：医生可以告诉他，打完疫苗可以奖励糖果。

幼儿：可以告诉他，打的是不同的疫苗。

……

后来，医院再没有强迫打针的现象，甚至在打完针后，有的医生还会赠送小礼物呢！通过充分、深入的讨论，辨别是非对错和换位思考，幼儿深刻地意识到自己的不当行为。这样的讨论比教师苦口婆心的说教更有效果。

（案例提供：厦门市同安区朝阳幼儿园 庄秋萍）

在引导幼儿回顾、梳理和反思的过程中，幼儿清晰地看到自己的行为，幼儿间经验的交流更加顺畅；教师也能够验证自己的观察结果，深入分析，逐步看见幼儿的需求，进而找到推动游戏和课程的切入点。

3. 解决问题

教师可以将自己在游戏现场发现的问题拍摄下来，选取一些共性问题，利用照片或视频，组织幼儿进行小组或集体分享，让大家交流互动，寻求答案。这些问题可能是操作技能、认知经验、遵守规则、材料玩具、同伴合作、安全、情感等。例如，针对矛盾规则、手电筒为什么不亮了、三角形的屋顶怎么搭、玩具飞到高处、颜料到处乱滴、谁输谁赢、谁对谁错……通过教师提出问题，幼儿更直观地回答问题，其他幼儿可以更直观、形象地了解现场情况。

教师可以将问题放大，甚至引发问题，鼓励幼儿在下次的游戏中继续解决问题。这是一个复杂的思维过程，也是一个引导幼儿深入反思的过程。幼儿在这一过程中有各种各样的学习和发展。

例如，在建构区，几位幼儿建构起一个中间没有任何立柱支撑的大屋顶，这是在建构区从来没有过的封顶的方法。教师用手机拍摄搭建过程，带领全班幼儿为他们鼓掌喝彩，表达自己对他们作品的认可。然后，教师邀请这组幼儿向大家介绍他们的搭建过程以及遇到的问题，请他们和大家分享这个了不起的方法是怎么想出来的。接下来，教师又组织幼儿一起思考：还有没有其他办法来解决建构面太大，无法用单块长板积木直接平铺封顶的问题。幼儿纷纷思考，然后表达自己的观点，并充满期待地等待在第二天的游戏中去尝试和验证自己的方法。

本案例中的分享，教师针对的是游戏中方法和技能上的创新。教师积极、发自内心的赞许和肯定给予了幼儿极大的鼓励，也引发了全体幼儿的关注和思考，极大地激发了幼儿想象和创造的热情。

在回顾和分享时，教师可以抓住幼儿游戏中的典型性问题，引发幼儿的思考与讨论，鼓励幼儿大胆尝试可能的操作办法，根据自己的经验进行假想，充分地分享、交流。例如，在建构游戏中，幼儿在搭建球形建筑时遇到了如何让建构作品能够均匀地由细到粗，再由粗到细的问题。教师通过组织幼儿参观、图片展示、家长资源的经验分享等形式来支持幼儿的经验生长，激发幼儿做下一步"玩"计划的愿望，达到解决问题的目的。

图 2-34　游戏思考

4. 游戏表征

幼儿在游戏中通过语言、图像、动作和符号等来表达自己的感受、经验、思想和情感，即游戏表征。表征可以是幼儿记录游戏过程、建构积木的结构或者拼装的操作玩具作品，可以是涂鸦、色彩、玩泥巴、唱歌等艺术活动，也可以是教师使用照片、视频记录游戏或者用文字记下幼儿的口述语言，把他们的口述语言转化为书面语言等。

幼儿园里最常见的游戏表征是绘画记录，主要涉及前书写领域。前书写是一种以游戏为主的学习活动，是学前幼儿使用笔等书写工具，自发地或在教师、家长等大人的引导下，向其他人表达情感、与他人交流思想的活动。在这活动中，幼儿尝试使用文字符号并且模仿成人的书写风格和意图。幼儿可能会将绘画与书写混为一谈。"我写了一朵花儿。"一位小班的幼儿指着一幅画说。原来他画了一根棍子，并在棍子的顶部画了一个圈。这就是他认为的"书写"。大班幼儿学习写自己的名字，感觉就像"画名字"。

游戏表征不仅见证了幼儿的游戏，还向幼儿展示了书写的魅力，也支持幼儿的游戏富有深度的发展。表征是一种记录，也是一种记忆。表征能使人们看见幼儿正在进行的游戏，为幼儿提供了智力上的挑战。

回顾和分享是幼儿讲述自己游戏故事的过程，是教师倾听、分析幼儿思维的过程，也是幼儿精彩观点诞生的过程。合理、科学的回顾和分享除了展示幼儿的发现和作品，并促使幼儿积累有益的经验，还可以发现并解决幼儿在游戏过程中遇到的问题。

（二）顺学而导，促进课程生发

回顾时，教师除了充分激发幼儿思考和表达游戏过程，及时帮助梳理和拓展游戏经验外，还可以适时地将回顾与下一次游戏计划相联系，鼓励幼儿持续深入游戏；或依据幼儿的兴趣和需要，促进课程生发。

教师通过游戏实现教育目标。在每一次游戏的重复、变化和更新等循环发展的过程中，教师需要追随游戏中自然生成的良好契机，顺学而导，促进活动生发。

1. 衍生新游戏

在自主游戏中，教师需要敏感地察觉幼儿的需要，针对出现的问题，追随幼儿的兴趣和发展需要，及时支持幼儿。幼儿可能偶发一些不同内容的游戏契机，教师需要甄别其发展价值和兴趣需求的内在联系，以设置新游戏区等方式来发展幼儿的游戏内容，满足幼儿的游戏需求，让游戏有扩展的可能。

【游戏案例】会生长的角色游戏（小班）

1. 游戏产生的背景

"美食"主题即将结束。幼儿收集了许多水果和食品，还制作了许多美食，如饺子、包子、青菜等。

2. 菜市场主题的生成

幼儿收集了这么多的好吃的东西，怎么展示呢？教师组织幼儿进行了简单的讨论。有的幼儿说可以玩买东西的游戏。大多数幼儿通过讨论，得出了结果："我们开个吃饭的餐厅吧！"一个新的角色游戏主题产生了。

3. 游戏中产生的问题

教师和幼儿共同整理各类美食，布置了游戏环境，分配好角色之后，餐厅就正式营业了。在游戏中，幼儿发现：有的顾客不给钱就拿走了商品。

4. 银行主题的生成

游戏结束后，教师让幼儿说一说游戏情况。有的幼儿提出："买了东西不付钱是不对的。"有的幼儿提出："我是假装给钱的，因为没有真钱，所以没有付真钱。""没有钱怎么办呢？""我妈用手机付钱。""我们去买手机吧。"……幼儿在七嘴八舌的讨论中，决定再开个手机店。

5. 游戏中出现的问题

教师引导幼儿积累关于手机的生活经验，并收集材料、自制二维码，手机就可以付款了。

娃娃家的小希去"菜市场"买萝卜。售货员接受了她扫码付钱，但不让她把萝卜拿走："不卖！不能拿走！"小希不解："我给你钱了，为什么不能拿？"售货员说："就剩下这一个了。"小希在菜市场门口转来转去，趁售货员不注意把萝卜偷回了家。售货员发现后大叫："有人偷东西了！"于是，去找警察。

游戏结束后，教师继续组织幼儿讨论游戏中的问题。他们认为超市的货物售完之后应该去进货，需要再开一个"制作工厂"。同时，他们还认为，要开一个公安局来维持秩序，抓小偷。

2. 未完请待续

当幼儿的游戏存在未完成内容时，教师引导幼儿把未完成的作品放在"未完成作品区"，可以借机询问幼儿："下一次还要继续完成它吗？"并帮助幼儿进一步明确下一次的创作计划。

3. 生成新课程

当教师在游戏中发现幼儿的兴趣和兴趣背后的发展价值，找准有价值的生长点时，需要适时生成教学促进幼儿主动发展。这样生成的课程既满足了幼儿的兴趣需求，又激发了幼儿的主动学习，推动幼儿的学习向纵深发展，实现游戏课程化。

教师需要追随幼儿游戏，让游戏经验和积极情感为生成课程做好准备。教师需要为幼儿的学习活动提供游戏经历，让幼儿游戏与课程有机融合。

【大班课程故事】高处取物

【故事缘起】

自从户外游戏投放了纸球后，孩子们特别喜欢利用各种工具进行抛接球游戏，玩得不亦乐乎。幼儿们在玩抛接球时，有的不小心把纸球弹到黑色遮阳网上，有的把小球弹到树枝上，其他小朋友指责："弹上去了拿不下来，怎么办？"因此，幼儿们产生了一个问题：怎么把高处的纸球取下来？

【故事发展】

怎么把高处的纸球取下来？

1. 思考

球筐里的球已经所剩无几，没有纸球玩的孩子开始着急了，于是互相指责。教师见状，引导他们尝试以下思考：

①这些纸球是怎么跑到高处去的？

②纸球在遮阳网上面下不来会怎么样？

③要用什么办法把纸球从网上、树上和架子上弄下来？

2. 分组讨论并记录

小丽说："纸球在上面，如果下雨泡水就破了。"

宏旭说："我们得想办法把自己变得高一点！"

语琳说："我们跳一跳！"

恩琳说："对，跳一跳，不够高的话可以拿一根棍子然后再跳！"

禹昂说："我有办法了！我们可以把轮胎垫高，再爬上去拿球！"

妍菲说："我们可以把竹梯搬过来用！"

……

幼儿们就"怎么样把球取下来"这个问题讨论得兴高采烈。

图 2-35 拯救纸球（一）

图 2-36 拯救纸球（二）

拯救纸球大行动，开始！

在实践拯救纸球这个环节，孩子们尝试了他们之前讨论的办法。

第一组：球撞球

当他们发现"跳一跳，够不着"时，沫汐拿来了另一个报纸球，一边跳一边把手上的球对准高处的球用力抛，一次、两次、三次……旁边的幼儿有的忙着帮忙捡球，有的在为沫汐加油打气。

"糟糕！扔上去的球也卡在树枝上了！"看着本来用来把上面的球撞下来的纸球也被卡在高处下不来，孩子们顿时像泄了气的皮球一样。

"我有办法了！"泓宇一边说一边兴奋地拿过来了一个篮球，"看，这个球大，不容易卡！"

于是，孩子们用篮球成功"撞"下来了许多纸球。

图 2-37　竹梯取球准备

第二组：竹梯取球

孩子们合作搬来了梯子，把梯子靠在树上。琦钧拍拍手说："架好了，谁要上？"

"我来！"宏恺爬到第一格就下来了，有点害怕。

"还有谁想要挑战呢？"琦钧接着问。

第二个孩子尝试着爬上去，半途也退缩了。

大家你望着我、我望着你，谁也不敢上去。

"大家都不敢上去，那我们的纸球怎么拿下来？"琦钧又问道。

"那我上去，你们在下面帮我扶住梯子，这样我就不怕摇晃了！"勇敢的涵彬提议。

"可以，我们保护你！"孩子们一起说。

教师提醒幼儿可以在梯子周边垫上垫子，防止意外发生。

最后，孩子们合作将纸球取了下来。

图 2-38　竹梯取球

第三组：竹竿勾球

"让开让开，都让开，我用这个小竹竿把球勾下来！"伊伊按照小组之前讨论的办法拿来了一根竹竿。孩子们期待着纸球下来，却发现伊伊的竹竿根本够不着纸球。

"竹竿太短了"，孩子们发现了问题。

于是，他们拿来了垫子，但站上垫子后还是够不着。

图 2-39　竹竿勾球

"我比较高，我来。"言俊自告奋勇地说。高个子言俊尝试了一下，发现自己站在垫子上还是够不着纸球。

"再拿个小凳子垫在垫子上试一试。"孩子们想到了新的办法。

不过，他们还是不够高。

"我们家的晾衣杆有两节，不够高的时候就拉出来变长，我们这个竹竿又不能拉。"伟言有感而发。

"那我们可以把两根竹竿接在一起啊！"孩子们想到了新办法。

于是，他们尝试了用各种材料把两根竹竿捆绑在一起：毛线、毛根、麻绳……结果都不太顺利，因为当他们把绑好的两个竹竿立起来的时候，上面的那根竹竿就倒下来了。

孩子们在回家后，与爸爸妈妈一起寻找"捆绑"的秘密。教师组织了一次科学活动：我会捆绑。在活动中，孩子们先分享了各自在家找到的"捆绑"秘密，接着教师请孩子们欣赏视频：舞台的搭建。从孩子们的分享和观看的视频中，孩子们总结出了两个"捆绑"的技巧：一是两根竹竿重叠的长度要长一些，二是捆绑时要捆得紧一点。

孩子们继续探索竹竿勾球，终于成功接好竹竿并取到球了。

不过，新的问题又来了：两根竹竿连在一起好重啊，勾不了两个球，孩子们就累了。

于是，他们尝试了不一样的材料：水管、木棍、扫把……

【故事感悟】

1. 在游戏中解决问题

教师将游戏情景加入枯燥的探索活动，在游戏中为幼儿提供了解决问题的实践和操作空间，帮助幼儿在已有的经验基础上有所拓展和提升。对于这样的活动方式，幼儿更容易接受。教师在梳理、归纳幼儿猜想的方法的基础上，将孩子再一次带领到挡住球的遮阳网底下，游戏场景引发了幼儿极大的学习激情和探索愿望，使整个活动不断碰撞出精彩的思维火花，幼儿从中真正获得了发展和提高。通过有趣的游戏活动相结合的方式，幼儿的思维深度不断推进，如当发现用来垫高的凳子不够高时，他们选择了比凳子还高的小云梯；当发现用报纸球撞不容易对准时，他们选择了比纸球还大的足球。

2. 活动形式灵活、有效，帮助幼儿获取新经验

活动利用幼儿对"把球取下来"的急切心情和对自主探索的兴趣，再加上环节设计的自主、趣味和层次性，使幼儿乐在其中、思维活跃，整个活动氛围和谐、轻松，教师与孩子以及孩子与同伴之间自发形成互动，轻松的环境进一步帮助幼儿获取新经验。

（故事分享：厦门市同安区朝阳幼儿园　陈勤英）

回顾是支持幼儿游戏发展的重要环节。通过与同伴儿的互动交流、共享经验，幼儿从同伴儿的兴趣态度、游戏经验、成果作品、亲身体验中获得认知，引发持续探究，建构新的经验。教师通过梳理问题、放大问题、抛回问题、制造问题，敏锐地发现并及时梳理幼儿在游戏过程中的经验，适时拓展，引发幼儿专注实践和学习。游戏回顾对幼儿形成适度挑战和持久激励，使每一次活动都能承上启下、由此及彼、迁移建构，真正支持幼儿在游戏中获得有深度的学习和发展。

第三章 指向深度学习的幼儿园自主游戏的课程建构

教师"课程领导力"是近几年来教育界普遍关注的一个热点问题，也是教师专业发展的必然要求。教师课程领导力是指在教学过程中，教师利用学校情境，以专业知识为基础，通过提升课程品质、提高教师的专业性、改善学生的学习品质等方式而产生的影响力，以前称为"课程管理"，现在称为"课程领导"。教师课程领导力要求教师作为课程的规划、实施和参与者，在处理课程事务时，要注重民主、沟通、开放和合作的原则，创造性地设计课程并有效地实施课程，全面提高课程质量。教师课程领导力有两个内涵：一个是教师以平等合作分享的方式参与幼儿园课程方案制定，为课程发展提出意见，共同对幼儿园课程进行决策。另一个是教师制订教学计划，定期进行课程审议和评价，充分发挥课程领导智慧，形成独特的教学方式，在课程管理中投入自己的感情和管理智慧。

教师不仅要有课程意识，还要有课程决策能力。教师要决策课程目标，精选课程内容，把握活动方式，做好课程评价，从观察幼儿游戏生发课程，到做价值判断，准确地确定课程内容，并定位课程目标；适时呈现情景，采用适宜的互动策略，把握关键经验，探寻知识策略，满足幼儿发展需要。

本章从课程目标、课程内容生发、课程实施、课程评价这课程四要素出发，阐述游戏课程化的建构过程，为教师的游戏实践找到抓手，使游戏课程化实实在在地在幼儿园落地开展。

第一节 目标导向

美国教育心理学家布鲁姆提出目标分类法，将知识分成三个领域：认知领域、技巧领域和态度领域。每一领域对应学习的不同层次，而较高层次对应学科内较复杂的内容。

现代教学理论告诉我们，目标是教学活动的出发点和归宿，且对教学活动起着明确的导向和激励作用，并为教学评价提供依据。

虞永平教授指出，教师对儿童发展目标的了解程度决定了教师对课程的敏感度。

一、目标的分类

目标是教育活动的核心因素，决定了活动的基本形式和走向，也可以让教师用来检验评估活动的实施效果。我国将课程目标分成普遍性目标、行为性目标、生成性目标和表现性目标。

普遍性目标具有方向性、概括性、普遍性和模糊性，是需要经过长期、复杂的努力才能实现的教育目标。它适用于各种各样的教学情境，表述是模糊的、不具体的。如"培养对各种美好事物丰富的感受力"。

行为性目标就是具体的目标，是指期望幼儿通过一段时间的学习，可以实现的可观察、可评价的具体目标。例如，《幼儿园保育教育质量评估指南》中"能助跑跨跳过一定距离，或助跑跨跳过一定高度的物体"，这种目标有利于观察评价，但是，缺乏弹性和生成性。

生成性目标是指在课程实施过程中逐渐生成的目标。生成性目标更关注活动的过程而非结果。现阶段生成目标是研究热点，但不意味着就完全排斥预设目标，好的预设目标有助于落实生成目标。例如，幼儿生成了斜坡滚球的游戏，教师也随之调整了目标：感知物体在不同斜坡的滑行速度。

表现性目标主要描述幼儿发生的身心变化，如养成了某些习惯。这种目标需要一段时间的观察。

从我国目前的师资状况、社会意识、文化观念、教育条件等来看，我们要完全采用某一模式是不可能的，需要辩证地思考和实施。

二、自主游戏需要目标吗?

说到游戏目标，教师心里还有着不少问题：

①有的专家说目标必须在游戏之前制定，游戏时才能心中有目标；有的专家说目标是在过程中生成，到底哪个才对？

②自主游戏的场地、内容和材料选择等都是幼儿自主选择的，如果教师制定了目标，是否会限制幼儿游戏的自主性和主动性？

③游戏要满足幼儿的兴趣、需要，如果教师设置游戏课程目标，那么是否会影响幼儿的游戏体验？

……

其实，教师对游戏目标的迷茫是对普遍性目标和行为性目标理解不深，有所混淆。"目标在前"的目标属于普遍性目标的范畴，而"在过程中生成"的目标则更多的是具体的行为性目标。普遍性目标和行为性目标有着密切联系，却也存在很大差异。普遍性目标具有方向性、概括性、普遍性和模糊性，需要教师和幼儿经过长期、复杂的努力才能实现；而行为性目标是教师对幼儿短期学习效果的预期，是幼儿园课程的指南针，决定了幼儿园课程的走向。

三、游戏目标与学习目标一样吗？

游戏和学习是幼儿园课程的主要部分，两者互相融合、互相补充。游戏活动以幼儿能力的培养、经验的获得为主要目标；而在学习活动中，教师则更注重知识习得和幼儿的多方面发展。

一切行为都需要以目标为导向。自主游戏和在游戏中生成的课程不仅仅是为了"好玩"，为了满足幼儿的兴趣，还是为了促进幼儿的全面发展。所以，教师需要在游戏即将开始时预设好活动目标。当然，这只是大致、简单、粗略的预设。这些预设的目标非常灵活且具有动态变化。随着生成课程的开展，更加具体的目标会慢慢地呈现，并逐渐清晰。教师会追随幼儿即时的兴趣和需要，生成新的活动，并调整原本预设的活动目标。

活动目标不仅来源于幼儿的真实需要，还指向幼儿的发展，涵盖幼儿真实的需求。例如，在课程《霸王龙》中，幼儿首先对"霸王龙有多高"感兴趣，教师敏锐地发现这一兴趣点有助于幼儿学习测量、感知高度。师幼通过查找资料，知道成年的霸王龙体长 13—15 米。接着，幼儿感知"一米多长"，开展测量活动。在测量活动的系列探究中，教师通过每一个活动目标都可以分析出幼儿的实际需求。如果目标与幼儿的实际需求缺乏联系，那么该活动对幼儿就没有吸引力，也没有实效性。

四、游戏中深度学习的目标导向

虽然游戏充满自主性，但游戏中的学习也需要目标。教师要对幼儿在一定时期内深度学习的效果设定一个预期目标，不仅要关注幼儿的学习内容和学习品质，还要关注幼儿的发展情况。在游戏中，幼儿能够积极、主动地探索，努力解决问题，既可以发展幼儿的认知能力，还对情感态度、价值观有积极的促进作用。所以，目标不仅包含认知发展的目标，也包含情感态度、价值观的目标。

游戏课程的目标更针对幼儿发展中的重要经验、能力和品质。深度学习的使命和追求是发展核心素养。所以，幼儿深度学习的课程目标定位于获得关键经验和核心素养。

（一）指向关键经验

关键经验这一概念起源于美国著名的高瞻课程，关键经验是幼儿发展必须获得的经验，对幼儿的发展起到支撑和迁移的作用，有利于经验的建构、迁移和深层次的理解。

关键经验具有教育目标特征，体现了教师对幼儿可能生活的理解和期待。

以大班美工游戏区的关键经验为例：

表 3-1　大班美工游戏区的关键经验

	感受美、欣赏美的关键经验	表现美、创造美的关键经验
绘画	1. 辨别不同种颜色 2. 感受冷暖色调的对比 3. 愿意欣赏不同风格的作品 4. 愿意与别人交流、描述自己的美术作品	1. 在操作中发现三原色相融后产生的变化 2. 感受色彩的趣味，用线条、形状、色彩等组合表现可辨认的事物 3. 大胆地表现自己熟悉事物的主要特征 4. 喜欢自我表达和创造 5. 运用对称图案进行装饰
手工	欣赏民间剪纸、泥塑、纸艺等艺术作品	1. 比较熟练地使用剪刀、泥、笔、胶水等材料 2. 能沿着简单的轮廓线剪出物体的外形 3. 能用撕贴出的形状组合成一组造型 4. 能用对边、对角、四角向中心、集中一角折、集中一边折等折纸方法表现物体形象 5. 能用团、搓、捏、挖、连接等方式塑造物体的二维形象或三维形象
欣赏	1. 观察、欣赏动植物美的造型 2. 观察发现艺术作品中的对称、重复、规则、不规则等美的装饰元素 3. 喜欢欣赏不同风格	1. 能表达自己对艺术作品的喜好 2. 能感受美术作品的造型、色彩和构图，并产生相应的想象

以大班建构游戏区关键经验为例：

表 3-2　大班建构游戏区关键经验

关键经验	具体目标
计划性	1. 幼儿在游戏前或游戏中安排自己的活动内容、活动材料、活动步骤，并关注活动结果，关注活动目标的达成程度 2. 能读懂构建图，并能自己设计建构物体的图
合作	幼儿使用轮流、分享、谦让、协商、相互配合等手段开展游戏或共同建构，以达到共同游戏的目的
空间意识	1. 理解并使用空间方位词 2. 能辨别物体相对其他物体的关系 3. 能辨别自己的作用，也能搭建三维立体作品
建构技能	使用排列、组合、拼插、镶嵌、旋转等技能和对称、模式等规则，灵活使用辅助材料，作品稳定、美观
想象与创造力	1. 愿意并能参与想象活动 2. 能创造性地解决建构在过程中遇到的问题 3. 能创造性地使用材料和玩具并创造出新颖的作品 4. 能根据建构活动的主题或作品展开想象
数学知识与能力的发展	1. 有数量的概念，会数数 2. 认识形和体，并了解形与形、体与体、形与体的关系 3. 知道并能构建出对称的形状 4. 能按照材料的不同标准进行分类

关键经验	具体目标
主动性	1. 能积极参与游戏 2. 能积极提问、提出意见或建议 3. 主动探索材料，以建构自己的经验
问题解决	主动发现问题，并利用已知条件分析问题，提出假设并验证假设，最终解决问题
坚持性	1. 在感兴趣的活动中持续时间较长 2. 不怕挫折，遇到困难后调整自己，再回到原来的事情上

（二）指向核心素养

核心素养是幼儿终身发展和社会发展所必需的品格和关键能力，是教育的根本。核心素养的建构能引领幼儿基于核心素养的学习和发展方向。核心素养关注学科领域关键知识和能力，强调通过知识和经验获得可持续发展的根本能力和品质，以促进核心素养的形成和发展为教育的根本目标。核心素养的具体内涵与《幼儿园保育教育质量评估指南》的目标和要求如下表：

表 3-3　核心素养的具体内涵与《幼儿园保育教育质量评估指南》目标与要求

核心素养		具体内涵	《幼儿园保育教育质量评估指南》目标与要求
文化基础	人文底蕴	人文积淀、人文情怀、审美情趣	语言领域： 1. 具有文明语言习惯 2. 喜欢听故事、看图书 3. 具有初步的阅读理解能力 4. 具有书面表达的愿望和初步技能
			社会领域： 1. 愿意与人交往 2. 爱亲敬长
			艺术领域： 1. 喜欢自然界与生活中美的事物 2. 喜欢欣赏多种多样的艺术形式与作品 3. 喜欢进行艺术活动并大胆表现
	科学精神	理性思维、批判质疑、勇于研究	社会领域： 1. 能按自己的想法进行游戏或其他活动，在活动中出主意、想办法（4—5岁） 2. 与别人看法不同时，敢于坚持自己的意见并说出理由（5—6岁）
			科学领域： 1. 喜欢探究 2. 经常为各种问题或好奇地摆弄物品（3—4岁） 3. 能根据观察结果提出问题，并大胆猜测答案（4—5岁） 4. 能经常动手动脑寻找问题的答案（5—6岁）

核心素养	具体内涵	《幼儿园保育教育质量评估指南》目标与要求
社会参与	责任担当	社会责任、国家认同、国际理解	社会领域： 1. 能与同伴儿友好相处 2. 遵守规则 3. 遵守基本的行为准则 4. 主动承担任务，遇到困难能够坚持（5—6岁） 5. 爱家庭，爱集体，爱家乡，爱祖国，知道自己是中国人（4—5岁） 6. 为自己是中国人感到自豪（5—6岁） 7. 接纳、尊重与自己生活方式或习惯不同的人（5—6岁）
社会参与	实践创新	劳动意识、问题解决、技术运用	社会领域： 1. 自己能做的事情自己做 2. 尊重为大家提供服务的人，珍惜他们的劳动成果 3. 能用简单的劳动工具和用具（5—6岁） 科学领域： 1. 初步感知生活中数学的有用和有趣 2. 体验解决问题的乐趣（5—6岁） 3. 具有初步探究的能力 艺术领域： 具有初步的艺术表现和创造能力
自主发现	学会学习	乐学善学、勤于反思、信息知识	《幼儿园保育教育质量评估指南》说明：养成积极主动、认真专注、不怕困难、敢于探究和尝试、乐于想象和创造等良好学习品质 科学领域： 1. 亲近自然、喜欢探究，在探究中认识周围事物和现象 2. 感知和理解数、量、形、空间关系
自主发现	健康生活	珍爱生命、健全人格、自我管理	健康领域： 1. 具有良好的生活和卫生习惯 2. 具备基本的安全知识和自我保护能力 3. 情绪安定、愉快，喜欢并适应群体生活，具有初步的归属感 4. 具有一定的适应能力，具有基本的生活自理能力 社会领域： 具有自尊自信自主的表现

五、游戏中的课程目标的特点

（一）游戏课程目标有体系但非即时

教师根据学期目标或月目标制定课程目标，相比集中活动，这样的目标更宽泛、更长远、更有体系性。但这样的目标无法在一两次游戏中立马实现，而是要在一个较长的时期内才能达成。以下是某大班教师制定的建构游戏目标：

①对建构产生兴趣，能根据自己的意愿搭建。

②通过搭建各种大型器械，学习简单的拼搭技巧。

③教育幼儿爱护搭建好的成品，养成良好的收放成品的习惯。

④在搭建过程中培养幼儿想象力、创造力和审美能力。

⑤利用辅助材料对已搭建好的成品进行合理的布局。

游戏的课程目标比较大，一个目标可以通过不同的游戏来实现。例如，小班的目标"提高幼儿的手眼协调能力"，幼儿可以通过扣纽扣、切水果、喂食、玩乐高等来完成这个目标；中班的目标"理解并使用方位词"，幼儿可以通过故事盒、捉迷藏、藏宝、你说我做等游戏来完成。同一个游戏也可以有好几个不同的目标，如给小动物喂食既锻炼了幼儿的手眼协调能力，也培养了幼儿的耐心和专注力；可以设计成数数、辨认形状等数学能力的培养，可以设计成通过多种材质的材料来培养触摸能力，还可以设计成角色游戏培养幼儿的交往能力。

图 3-1　小动物喂食锻炼

（二）游戏课程目标的适宜性

幼儿园课程总目标要靠各个层次目标的层层落实才能最终得以实现。教师在制定课程目标时，应遵循课程目标制定的层次性和连续性的原则。游戏课程目标的难度要符合幼儿的已有经验和认知特点，又能在师幼共同努力下达成，即"跳一跳，能达成"。教师不仅要了解每个年龄阶段幼儿的发展目标，也需要熟悉幼儿在各个领域中的整体发展情况，即取决于教师对《幼儿园保育教育质量评估指南》所描述的"各年龄典型表现"，以及幼儿对游戏的已有经验。《幼儿园保育教育质量评估指南》中对于幼儿发展目标的描述过于笼统，为了更好地了解幼儿在某一年龄阶段内的发展阶段，我们在课程实施中分解、细化《幼儿园保育教育质量评估指南》中的目标，并在过程中不断调整修正。

表 3-4　《指南》在各阶段课程实施中的分解、细化

《指南》目标	3—4 岁	4—5 岁	5—6 岁
具有初步的逻辑思维能力（分类、比较、排序、判断、推理等）	1. 能感知物体颜色、大小和形状等基本特性，会按某一个特征进行分类 2. 能感知物体颜色、大小、形状等基本特征，并进行简单排序 3. 通过一一对应的方法比较物体的多少和一样多 4. 认识常见的数字，能用点数的方式数数 5. 能感知物体的形状、方位等特征，并用词语进行简单描述 6. 知道白天、黑夜，以及在白天和黑夜可以做的事情	1. 能概括物体的 1—2 个特征或特性，并进行简单分类 2. 能根据物体的颜色大小、形状等进行排序，并能描述其排列顺序和位置 3. 通过数数或目测等方式比较物体的多少，并能不受物体排列形式及物体大小等外部因素干扰 4. 认识常见的数字和数学符号，理解量的相对性，知道数字代表一定的含义 5. 能感知物体的形体结构特征，尝试用上下、前后、里外等方位描述物体位置 6. 对时间和先后顺序概念感兴趣，能用简单的表示时间的词汇进行描述	1. 能概括物体的 2—3 个特征或特性，并进行分类 2. 能根据物品特性设计规律，并进行排序 3. 能了解或运用与度量衡相关的词汇，也能运用一些简单的测量工具比较物品的大小或多少 4. 理解单双数、相邻数，能进行顺数和倒数 5. 能用常用几何形体进行创意拼搭，或摆出物体造型 6. 能以自身为中心辨别左右 7. 能将事件和时间概念对应起来，具有初步的逻辑思维

不同年龄段的幼儿具有不同的发展水平，也具有渐进性。因此，游戏的发展目标应具有层次性。同一游戏对于不同的年龄段的幼儿要求是不同的，如角色游戏娃娃家，大、中、小年龄段的幼儿都爱玩。小班的幼儿刚入园，交往能力较弱，游戏更多的是给宝宝喂食、哄睡的情节；中班的幼儿开始初步交往，游戏情节走出家门去散步、去理发店剪头发、去超市购物等；大班的游戏情节就更丰富了，包括色色妈妈外出上班、下班后回家……

如果游戏目标不适宜，则容易出现能力强的幼儿"吃不饱"、能力弱的幼儿"吃不下"。各年龄阶段的幼儿的游戏目标要相互衔接，体现心理发展的渐进性和连续性。所以，教师制定目标要循序渐进。如游戏中的语言能力，从愿意与人说话到喜欢谈论自己感兴趣的话题，到敢在众人面前说话，建立一个迁移的能力发展体系，使目标连续又有层次，减少随意性。

①小班幼儿年龄小、缺乏生活经验，应该以激发幼儿的游戏兴趣，培养幼儿形成游戏规则，帮助幼儿养成良好游戏情绪为主。

②中班幼儿年龄大一些，有游戏经验和初步的生活经验，应该侧重发展幼儿的想象力、创造力和社会性发展，要求幼儿可以表达、交往、谦让、以物代物、整理材料等。

③大班幼儿的生活经验更加丰富，他们思维、想象更加广阔，主体意识更强，能主动从游戏中发现学习的重点，生发学习的生长点。针对他们，游戏目标侧重于提出问题、解决问题，重视探索、评价，关注幼儿的学习和发展。

（三）游戏课程目标的全面性与关键性

游戏的环境、材料都要根据游戏目标来确定。现阶段的教育特别注重幼儿多方面能力的培养，指向幼儿的全面发展。教师在制定游戏课程目标时，更要体现全面性、多元性，即目标既要涵盖"知识与技能、过程与方法、情感与态度"，也要尽量全面涉及德、智、体、美、劳各个方面。游戏课程目标的确定可以以幼儿园的任务、幼儿的发展目标、关键经验、《指南》《纲要》的目标、领域关键经验为依据，可以从五大领域入手，也可以根据游戏功能来确立。

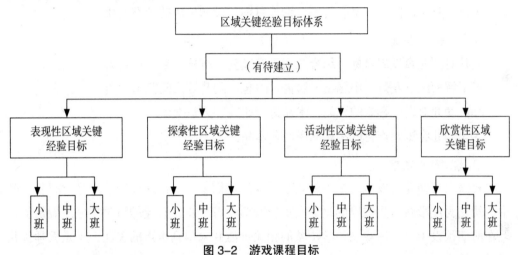

图 3-2　游戏课程目标

但是，课程目标并不能面面俱到地指向所有素养，长期的发展目标尽量全方位涵盖，体现多元和全面；而短期目标则要指向关键素养，指向有重点的、更具体的目标。例如，在大班"超市"游戏中，游戏课程目标为全面观察幼儿游戏中买与卖的情况，引导幼儿重点尝试简单的数学换算，坚守岗位不脱岗。在这个目标中，既有幼儿知识技能的练习和提高，有幼儿对于数学方面的认知，也培养了幼儿的责任感。在游戏中，根据目标的侧重，教师可以采取部分游戏区域逐步推进的策略。这样的指导方式的目的性、针对性更强了，对幼儿的发展能起到积极作用。

（四）游戏课程目标的预设性与生成性

在幼儿游戏中，深度学习课程的目标兼具预设性和生成性。预设性课程目标规划了幼儿的发展，但幼儿的游戏和学习多依赖幼儿兴趣和需要等内在动机，而幼儿的兴趣和需要随机性强，容易发生和改变。如果课程目标均为预设性的，则将限制幼儿兴趣和需要的发挥，使得教师难以觉察幼儿的兴趣和需要，难以生成有价值的活动。

生成性课程目标是指教师可以灵活地根据幼儿的兴趣和需要生成活动，幼儿更具有潜力，更愿意学习，更具随机应变的适应能力，更能探索，更能反省自己，更能产出富有深度的学习。但是，生成性课程目标也有弊端，它难以关照幼儿的全面发展，对教师的专业水平要求较高。

教师要根据幼儿学习的过程积极思考，带给幼儿新的发展价值，让目标具有动态性和适宜性。在课程开始时，预设的目标为活动设计和选择提供了方向；在课程进行中，课程的实施让目标变得细化、清晰；在课程结束时，教师需要审议预设目标的达成情况，判断生成的新目标是否适宜。

幼儿深度学习课程目标融合了目标的预设性和生成性。教师可根据这些目标开展预设性活动，并发现幼儿的兴趣和需要，生成新的目标。

现以课程《民间艺术美》为例，论述目标预设和生成的动态变化。

1. 课程开始前

教师对照儿童发展目标，结合儿童已有经验，将核心目标预设为：

①了解剪纸、花灯、中国结、脸谱、香包、陶艺等民间艺术的美。

②让幼儿对自己喜欢的民间艺术品进行研究并分享交流。

③让幼儿尝试制作自己喜欢的民间艺术品。

2. 课程实施中

教师发现幼儿自发地用多种形式学习，让他们表达自己对民间艺术品的感受。其中，幼儿对皮影戏产生浓厚的兴趣。皮影戏蕴含着丰富、有趣的科学领域发展价值，但在前期预设中，皮影戏在科学领域的相关价值并未得到重点的关注，于是教师优化了课程目标：

①了解皮影的特征与制作过程，尝试制作皮影。

②通过实验，理解影子产生的原理。

③学习操作皮影的方法，探究皮影戏的表演过程。

④养成主动探究、积极思考的精神。

3. 课程结束后

教师回顾课程开展过程，仔细梳理指向目标达成的相关活动，梳理幼儿的行为表现，分析目标的达成情况。教师可以将未完成的目标，作为课程的延展和需要继续关注的目标；对于幼儿发展目标没有达成的情况，后续课程要继续支持幼儿的学习和发展。

幼儿课程目标的制定其实就是关注培养什么人的问题，必须研究未来社会需要什么样的人，以及当下可以实现什么样的教育。目标既是选择课程内容、课程组织方式和教学策略的依据，也是课程评价的标准。在游戏中，教师要始终以目标为导向，多方位支持幼儿的深度学习。

第二节　课程生发

虞永平教授指出，课程生长表面是课程内容的生发，是活动的产生，实质上是幼儿发展空间和可能性的增加。

华东师范大学王振宇教授指出，游戏课程化是指从幼儿的游戏出发，及时把握幼儿学习的生长点，通过引导和建构新的游戏，促进幼儿学习和发展的过程。

虽然游戏是幼儿自发、自主的活动，但是，在教师的支持下，幼儿游戏已经与课程紧密相关了。根据幼儿游戏情况来建构与生成课程已经是大势所趋。幼儿园生成课程来源于意大利瑞吉欧方案教学，瑞吉欧方案教学中的"幼儿的一百种语言"受到全世界幼教人的推崇。近年来，专家、学者把生成课程的概念、内涵做了深刻的解读，也对如何开展生成课程给予了教育建议，特别强调课程来源于幼儿的生活和游戏。生成课程的内容、目标和活动环节等要素不再根据幼儿游戏情况来建构和生成课程"预设"范畴，而是根据当下活动的实际情况临时生发课程活动。教师从幼儿的兴趣需要、捕捉游戏中的偶发事件入手，这就是课程的起点。

但是，现阶段只有少数幼儿园能把生成课程做得深刻而精彩。幼儿教师虽然察觉了生成课程的价值，但是生成课程没有模式化的教学流程，所以，教师常常感到无从下手，使得生成课程在幼儿园很难实实在在地落地开展。教师觉得生发课程困难，其实其最大的难点是抓住课程生发的契机，即"无中生有""没事找事"。在游戏中，教师一旦观察到幼儿游戏与学习经验的链接，就可以从游戏挖掘出课程素材，尝试以幼儿的经验为主线，以此支持幼儿经验和课程的相融互生。从经验的认知建构看，生成课程是游戏和学习双向建构的过程。

大量的实例验证，幼儿可以自己建构课程。如何有效地把游戏转化为课程？游戏中的学习强调开放性、生成性和灵活性，可以采取个人、小组或全班集体活动的方式。这样的学习是一个动态过程，可能向许多不同的方向发生。如果游戏与学习真正融为一体，那么从游戏中生成出来的学习不仅是课程的生发，还增长了幼儿的学习和发展的可能性。这便是现阶段的热点——"游戏课程化"。王振宇教授说，游戏课程化就是让游戏一直好玩下去，一直围绕学习的内容拓展延伸。

一、聚焦幼儿的兴趣与需要

（一）兴趣驱动

500 年前，王阳明先生就提出：今教童子，必使其趋向鼓舞，心中喜悦，则其进自不能已。幼儿对自己兴趣的事件总能锲而不舍地进行探究。兴趣让幼儿有学习的需求和欲望，能够充分发挥幼儿的自主性，激发幼儿的潜能，使幼儿产生强烈的内在动机。《幼儿园保育教育质量评估指南》指出，教师要"善于发现各种偶发的教育契机，能抓住活动中幼儿感兴趣或有意义的问题和情境，能识别幼儿以新的方式主动学习，及时给予有效支持"，要"发现和支持幼儿有意义的学习，采用小组或集体的形式讨论幼儿感兴趣的话题，鼓励幼儿表达自己的观点，提出问题、分析问题、解决问题，拓展提升幼儿日常生活和游戏中的经验"。可见，教师要把视线聚焦到幼儿感兴趣的事件上，并为幼儿提供相应支持，鼓励幼儿积极表达自己的观点，提出问题并分析解决问题。

但是，幼儿感兴趣的内容很多，比较零散，持续的时间也不长。兴趣点可能是游戏中的一个事件，可能是幼儿之间互动的一句话，也可能是大自然的一个物件，这就需要教师进行价值判断。教师要分清"真兴趣"和"假兴趣"。教师需要仔细观察幼儿，在幼儿众多兴趣中，发现读懂幼儿的需要，判断该契机的教育价值是否利于幼儿的学习与发展，是否有探究的价值，判断后再继续挖掘开启课程。

①如何对幼儿的兴趣点做价值判断呢？

②兴趣需要资源的支持才能生发为课程。

教师要关注幼儿的兴趣点是否有资源的支持，如果没有资源的支持，则无法生发为课程。资源就像兴趣的后盾，强大的后盾才能让兴趣持续。例如，很多幼儿对冬奥会的滑冰很感兴趣，但大多数身处南方的幼儿对滑冰没有经验，也没有学习的情境，只能浅层学习，难以开展有深度的学习。所以，该课程不适合在南方的幼儿园深入开展。

当要判断该兴趣是否作为课程时，教师要对该课程资源进行梳理，为幼儿不断生发经验奠定坚实的基础。

③兴趣需要符合幼儿的学习与发展特点。

在课程开始前，教师要分析将开展的课程是否符合幼儿的年龄特点、认知水平和学习方式，是否基于幼儿的已有经验。例如，大班开展研学活动，教师根据《幼儿园保育教育质量评估指南》分析现阶段幼儿的关键经验，并与幼儿一起计划研学地点，进行研学准备，参观酱料文化园，制作酱料等。此次的研学给大班幼儿带来了太多惊喜和发现。

【课程故事】给小树穿新衣（节选）

在一次户外活动中，幼儿在草坪公园无意中发现了几棵小树的树干上密密麻麻地长满圆锥形的树刺，大家一起围过去看。有幼儿说："刺这么多，万一碰到了，肯定会流很多血。"还有幼儿提出建议，说："快跟老师说吧，这么多刺可怎么办呢？"

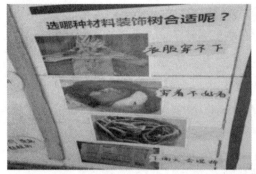

图3-3　给小树穿新衣准备

于是，回到班级后，幼儿们就这个问题展开了热烈的讨论。大家说了很多建议，有的幼儿说要请工人把刺削掉，其他的幼儿纷纷反对，说这样会伤害了树。柏杨说："我们为小树穿一件新衣服吧，这样就能把刺藏在'衣服'里了。"柏杨的这个提议引起了大家极大的兴趣。于是，大家开始讨论怎么给小树穿新衣了："要给小树穿上什么样的衣服比较合适呢？"

大家纷纷说出了自己的想法。

"用我们小朋友平时穿的衣服呢？"——"穿不下。"

"用塑料袋给它缠着？"——"不好看。"

"用报纸给它包起来？"——"下雨天报纸会湿，也会破。"

图3-4　给小树穿新衣

最后，语蓁提出了一个奇思妙想："我们可以用麻绳，一圈一圈地把它围住，麻绳捆起来后还能在上面用颜料装饰好看的图案，这样小树既能穿上漂亮的新衣服了，又不会刺伤人了。"

语蓁的建议得到大家的一致同意，于是，大家决定用麻绳来为小树"穿新衣"。

有了想法，大家纷纷行动起来。语蓁找来麻绳，开始缠绕，一圈一圈包裹着小树的树干；东东准备颜料要为树干画上漂亮的图案。就这样，为小树穿新衣的活动开展起来了。

在孩子们的共同努力下，小树的"新"衣终于穿好了，大家再也不怕小树会刺伤他人了。

（案例分享：厦门市同安区朝阳幼儿园　卢雅玲）

【大班科学活动】神奇的跷跷板

【活动来源】

在户外自主性游戏时，几个幼儿用大纸球和长木板架成简易跷跷板。一会儿，两人站在木板上玩，比一比谁轻谁重；一会儿，幼儿把纸球放在木板对面，踩另一头木板，纸球就跳起来，幼儿们为纸球的跳起欢呼着，比赛谁的纸球跳得高……连续玩了几天，他们仍乐此不疲。大班幼儿对周围事物充满好奇心和求知欲。跷跷板的杠杆原理在生活中有着广泛的运用，其中蕴含着非常丰富的教育价值。这是一个很好的教育契机，我就尝试开展了教学活动进行探究。

图 3-5　跷跷板

照片中的幼儿用砖头和木板做成简易的跷跷板，一头放着纸球，另一头由幼儿跳过去踩，使纸球飞起来。砖头放置的位置、力度不同，纸球飞起的高度不同。幼儿反复尝试、竞赛，探究如何让纸球飞得更高。

【活动目标】

①初步感知杠杆现象，发现物体弹跳高度与力的大小、物体离支点的距离、载重物体的体积重量等因素有关。

②迁移经验，探索让物体弹跳得高的方法。

③体验探究活动的乐趣。

【活动准备】

幼儿有玩跷跷板的经验，准备小纸球、长条薄木板、积木，准备课件。

【活动过程】

1. 观看幼儿玩自制跷跷板的视频，引发幼儿的兴趣

教师提问：谁是弹纸球高手？谁有办法让小纸球跳得更高？

2. 初步探索：弹跳高度与用力大小的关系

①要求：请小朋友想办法，让小纸球跳得更高。

②幼儿探索，教师巡回观察。

③分享交流：你们让小纸球跳起来了吗？用什么办法让小纸球跳得更高？

④教师总结：物体弹跳高度与力的大小有关：人用力越大，物体弹跳得越高；人用力越小，物体弹跳得越低。

3. 再次探索：弹跳高度与物体离支点的关系

①思考：如果用同样的力，但将积木放在不同的位置，那么小纸球会跳得一样高吗？

②要求：请你把积木放在不同的位置，试一试纸球弹的高度会有什么变化？请小朋友把数字1贴在纸球能跳最高的位置，把数字2贴在第二的位置，把数字3贴在第三的位置。

③幼儿探索，教师巡回观察。

④分享交流：使用一样大的力气，哪个纸球跳得高？与积木有什么关系吗？

⑤教师使用白板梳理经验，并小结：纸球离积木越远，就跳得越高；纸球离积木越近，就跳得越低。

图3-6　弹跳高度与物体离支点的关系

4.第三次探索：弹跳高度与物体的形状和重量等有关

①思考：纸球是小朋友用纸张做的，如果我们直接拿平整的纸张来弹跳，可以弹得高吗？不同重量的东西弹跳的高度有什么不一样？

老师给你们准备了许多操作材料，有纸球、纸张、大积塑、小积塑等，我们再来试一试。

②幼儿探索游戏，教师巡回指导。

③教师使用白板梳理经验，并小结：弹跳高度与物体的形状、重量等有关。重的物体弹得比较低，轻的物体弹得比较高；体积大的物体弹得比较低，体积小的物体弹得比较高。

5.提升：让幼儿观看视频，了解杠杆原理在生活中的运用

观看起子撬钉子视频，教师问：起子为什么能轻松地把钉子撬起来？

继续观看视频，感受生活中杠杆原理的运用。

活动延伸：生活中还有许多物品用到杠杆原理，我们再去找找吧！

（案例提供：厦门市同安区朝阳幼儿园 庄秋萍）

当发现幼儿感兴趣并且有价值的问题时，教师要及时调整教育计划，不死板地拘泥于原来的预设内容，以幼儿兴趣需要为出发点，顺应课程自然发展。

幼儿在教师的支持引导下，围绕某个感兴趣的问题进行研究探索，在其中发现知识、理解意义、建构认知。一旦幼儿开始探索，教师就能看到很多探究活动延伸的可能性。教师有目的性、有针对性地加入新材料和新工具，是保持幼儿学习兴趣的有效方法。

（二）立足需要

单纯的感兴趣是比较低阶的需求，幼儿的学习和发展需要更深层次的教育价值。不同年龄段的幼儿的学习和发展的表现水平，表明幼儿发展仍处于不断变化的过程中。幼儿园课程的生发要考虑幼儿年龄、个体和群体活动的适宜性，考虑课程是否能满足学习者的学习兴趣和发展需要。在游戏中，教师需要从幼儿的年龄特点出发，结合幼儿心理发展和学习需要，着重关注不同幼儿的成长潜力，确定课程的生发点。这是幼儿成长过程中的学习需要。从幼儿生活经验出发，符合幼儿发展和学习需求的才是幼儿所需要的。

①小班幼儿的思维发展以自我为中心，喜欢具体形象的事物。教师要重点挖掘符合小班幼儿学习发展特点且与小班幼儿生活相联系的教育内容，因此小班的课程主要以幼儿自身为中心逐渐向其所熟悉的周边环境过渡。

②中班幼儿在日常生活中逐渐由自身关注到他人，教师要为幼儿提供一个更为开

阔的环境，帮助幼儿认识事物、熟悉环境，在课程内容的选择上主要表现在课程内容侧重于引导幼儿进一步了解他们生活的环境（包括社区、家乡、自然等）。

③大班幼儿的思维、语言表达能力都有一定的提升。在课程设置上，教师要立足于幼儿关心的事件，形成以核心事件为线索的系列活动，帮助幼儿通过一系列核心事件来梳理完整经验。

学习需要与兴趣驱动不同，可能是幼儿遇到的疑难问题，可能是幼儿成长过程中的困惑心情，可以说，这是幼儿成长的需要。

教师需要以幼儿的视角，发现并读懂幼儿的内心需要。幼儿提出的问题最能反映他们的兴趣和需要。

【大班主题课程】西游记

1. 主题缘起

自从班级阅读区里投放了《西游记》，这里就总能看到孩子们的身影，他们经常在里面讨论着西游记里的人物、武器，有人还时不时叫着"猴哥""八戒"，只要有人谈论到孙悟空、金箍棒、妖怪等，总能引起他们浓厚的兴趣。基于《西游记》的文学价值及《幼儿园保育教育质量评估指南》中提到的有关幼儿文学艺术素养的培养要求，根据大班幼儿的年龄特点，我们及时抓住了幼儿的兴趣点，以《西游记》为载体，开展了"玩转西游"的主题活动，一起去寻找西游、品味西游、感受别样的西游故事……

2. 主题探究历程

（1）聊一聊：我知道的西游记。

教师问："小朋友们，关于西游记，你知道些什么呢？"

梓桐说："我知道西游记里的唐僧，他能长生不老，还会念紧箍咒。"

语蓁说："孙悟空的金箍棒是从海里拿的。"

子墨说："孙悟空会七十二变。"

语汐说："孙悟空有火眼金睛。"

莉梅说："唐僧和孙悟空是师徒。"

通过谈话"我知道的西游记"能够发现，幼儿对于《西游记》有着一定的了解，知道较为经典的内容，知道孙悟空和唐僧的师徒关系，知道孙悟空的技能等。每个幼儿对于故事中的人物都有着不同的理解和认识。

教师问："关于《西游记》，你想了解什么呢？"

龙佳说：为什么孙悟空是从石头里蹦出来的？

玥蕾说：唐僧肉真的可以长生不老？

苗菲说：孙悟空的武器是从哪里来的？

沫羽说：真的有女儿国这个地方吗？有没有男儿国？

幼儿对于《西游记》了解的内容是基于自己的认知，于是我们鼓励幼儿从关于《西游记》的书籍或视频中自己去寻找答案。

（2）读一读：西游故事。

①观看《西游记》动画。

幼儿们观看《西游记》动画片，直观、形象地了解《西游记》里面人物的角色特点、精彩的故事情节，还能够跟着音乐唱出里面歌曲，更好地了解《西游记》的精彩故事情节。看完《西游记》动画片，幼儿们觉得时间过短，便在区域里面开始了《西游记》的阅读。

②区域阅读时间。

在区域游戏中，我们为孩子提供了不同版本的《西游记》让幼儿阅读、讨论。

③大话西游（亲子活动）。

幼儿与家长一起熟悉故事内容，亲子共同绘制思维导图，借助思维导图梳理故事内容，与幼儿一起说一说关于《西游记》的故事，让孩子对《西游记》中的故事情节和人物特征更深入、更立体地了解，并且在阅读当中养成良好的阅读习惯，对阅读充满兴趣。

（3）讲一讲：西游故事。

在阅读了《西游记》后，幼儿们喜欢与同伴儿分享自己看到的西游故事。因此，班级的《西游播报站》开始啦！在这里，幼儿们可以尽情地与同伴儿分享有趣的西游故事情节。

现在，幼儿们对于《西游记》的故事已经比较熟悉了，他们聊到了"九九八十一难"这个主要情节。

钰萌说："我知道《三打白骨精》这一难。"

弘阳说："到了火焰山，师徒四人过不去，要借铁扇公主的芭蕉扇把火扇灭。"

教师可以抓住这个教学契机，开展了"九九八十一难（日常活动）"，营造出平等的对话氛围，让幼儿根据自己选择的一"难"大胆表述主要情节，引导幼儿倾听同伴儿的分享，并将幼儿表达的故事进行展示。请幼儿按照故事发生的时间顺序进行排序，在排序过程中可以借助互联网、书本等工具，将排好顺序的故事固定在卷轴上，制作完成"九九八十一难"图。

（4）投票：我喜欢的西游人物。

分享交流后，幼儿对《西游记》中的主要角色有了更进一步的了解。随后教师和幼儿讨论了喜欢哪个角色，为什么呢？每个幼儿对于故事中的人物都有着不同的理解和认识，于是我们开展了"我最喜欢的西游人物"投票。

投票结果显示，大多数幼儿都喜欢孙悟空，他们觉得孙悟空本领大。幼儿的喜欢有各种理由，在这次活动的最后，教师总结了每个人的喜欢都不一样，因为每个人都有自己的闪光点，都值得别人去喜欢。

（5）语言活动：假如我是孙悟空。

基于孩子们对孙悟空的喜爱，平时在聊到孙悟空的时候，根本就停不下来。例如，孙悟空会七十二变、有火眼金睛、会腾云驾雾等，经常进行想象："假如我是孙悟空，我要……"为此，我们开展了大班语言活动《假如我是孙悟空》，引导幼儿在使用假设句式的时候，加入自己的想象，说一说将会发生的事情。

在活动中，我们采用小组谈话的方式，让全班的小朋友都参与进来。在小组合作的过程中，孩子们互相探索交流自己的想法，体验造句的乐趣。

梓瑜说：假如我是孙悟空，我可以在地震的时候用金箍棒支撑要倒的墙，救出房子里面的人。

永承说：假如我是孙悟空，我要打败所有的坏人。

在分享的过程中，我看到了孩子们对于孙悟空这个角色不同的视角且富有钻研精神的解读。我一方面感叹《西游记》带给每个人的想象空间是多么巨大，另一方面惊叹孩子们能将想象世界与现实世界相结合，思考用自己的力量帮助他人的方法。

（6）综合活动：鉴宝大会。

《西游记》中出现的各类兵器和法宝，极富神奇色彩，每一件都精致有趣，深深地吸引着孩子们去发现、去想象。在与孩子们一起讨论的过程中，我发现孩子们不仅能记住《西游记》中的很多人物，还对他们所使用的法器非常感兴趣。基于这一特点，我们设计了大班综合活动《鉴宝大会》，让幼儿加深了对《西游记》中法宝的认识，满足他们对法宝的好奇心和探究欲。

在论宝环节，采用辩论赛的形式，围绕法宝进行讨论：法宝是越多越好吗？

正方：法宝越多越好。

反方：法宝不需要很多。

辩论赛的形式能够更好地激发大班孩子从不同视角看待问题思维，鼓励幼儿积极思考，表达自己的观点看法，拓展孩子们对法宝的多元认知和理解。

进入《西游记》的世界，从漫谈《西游记》开始，我们通过各种活动，与小朋友一起了解《西游记》的各种知识，无论是《西游记》中的各式各样的人物形象还是《西游记》中各路神仙的法宝……这些都是一次宝贵的经验，也是一次关于《西游记》的神奇旅行。

（7）其他主题活动

孩子们有太多的奇思妙想，我们也根据他们的想法在区域活动、亲子活动、日常活动等活动中融入了相关课程，创设了更多的条件，来满足孩子们的好奇心。

①重回长安（日常活动）。

引导幼儿在地图上找到长安（现在的西安）；创设畅游关卡的图示，幼儿自由结组，进行闯关。让幼儿在闯关游戏中体验"取经"这件事的不易，幼儿能够在一次次的挑战中拥有属于自己的智慧和勇气。

②西天取经路线图（亲子活动）。

《西游记》中师徒四人的取经路线是怎样的？他们所到过的地方现在又是在哪里呢？孩子们带着这些问题和家长在地图上寻找师徒四人的取经足迹，重走西游之路。他们一起在地图上找到西天取经在现实世界中（丝绸之路）的起点、终点和幼儿最感兴趣的一个地点。教师启发幼儿用绘画的方式进行记录，勾出大致的取经线路，感受祖国的地大物博，为自己是一个中国人感到自豪。

3. 小结反思

《大话西游》主题活动通过丰富的活动，让孩子们真正走进了《西游记》，真正感受到了《西游记》的魅力和乐趣。幼儿在这场奇幻的西游主题活动中有了深度的思考、切身的体验，给他们带来了无尽的快乐、想象和创造。

①从欣赏故事到故事角色对话，从感受人物性格特征到设计法宝，从感知《西游记》中师徒四人为取真经、不远万里勇敢前进的"西游精神"，到孩子们初步有了明辨是非的判断能力，帮助孩子们更好地了解我国四大名著之一《西游记》。

②在分享《西游记》活动中，孩子们在与绘本对话，与经典同行中提升了语言表达能力、艺术创作能力，激发了想象力，提升了表现力。

③在课程探索中，孩子们学会了合作、协商、交流等能力，自然地表现和表达是精读经典的魅力所在。

（案例提供：厦门市同安区朝阳幼儿园 方小晴）

二、捕捉游戏中的偶发事件

英国教育家怀特海说：教育只有一种教材，那就是生活的一切方面。一日活动皆课程。生活中、游戏中的真实事件、偶发事件更是课程的驱动。在游戏中，教师在遇到偶发事件时，要因势利导，将其转化为教育契机，提高幼儿发现问题、解决问题的能力，促进幼儿全面发展。这样的课程内容更具有适切性。

但是，在一天当中，偶发事件不少，如有的幼儿饭撒了、有的幼儿发现了什么秘密、有的幼儿听见了什么、有的幼儿之间偶然谈论到什么……教师就要判断这些偶发事件是否值得探究，是不是一句话就能解决的问题，是不是放在游戏中就能自主解决，是否有开展集体教学的必要，是否有价值。如果要生发课程，教师就要把课程的主动权交给幼儿，资源如何利用，教师是否能把控得住？

听过福州幼儿园的一个案例《食堂里飘出来的秘密》，来源于一个偶发事件。幼儿在活动时突然闻到一阵很香的味道，于是就谈论起来：这是什么香味？食堂在煮什么呢？为什么这么香？一打听，是炸鸡腿。幼儿兴奋地咽着口水。可是，午餐并没有出现炸鸡腿这道菜，这下班级可热闹了：鸡腿哪儿去了？这样的偶发事件是否值得生发成课程？教师通过"四问"进行了课程价值的辨析。一问园长，争取到园部资源上的支持；二问配班老师，听一听别人对这个活动的价值辨析；三问幼儿，听一听他们的想法；四问书本，争取得到理论上的支持，以此判断此项目是否值得进一步探究。

以下是一个由偶发事件生发的课程。

【大班社会活动】诚实是美德

【活动来源】

上周，东东带了两辆新颖的汽车模型来幼儿园，孩子们可喜欢了，争着要摸一摸、玩一玩。但是，到了下午，东东哭着来找我，说："老师，我的小汽车不见了，我到处找也找不到。"孩子们寻遍玩具柜和班级的角落都不见这两辆小汽车，大家七嘴八舌地分析汽车哪去了。离园前，在给孩子们整理衣服时，我无意摸到了小青外套口袋里硬硬鼓鼓的物品，心里就有了答案。我思考着：如何既保护孩子的自尊，又能起到教育孩子的作用？

诚实作为优秀传统，历来是中国传统教育的核心。幼儿期是道德教育的启蒙时期，在幼儿园里进行诚实教育是必要的，在整个品德教育过程中有着特殊的意义，使幼儿初步形成科学正确的世界观、人生观和价值观。于是，该课程产生了。

【活动目标】

①通过故事，理解诚实的含义。

②初步具备辨别是非的能力。

③知道诚实是一种美德，愿意做一个诚实的好孩子。

【活动准备】

视频短片、笔、纸。

【活动过程】

1.情境表演导入，体验丢东西的着急心情

①教师假装丢了上课用的U盘，十分着急。

师：我的U盘呢？里面有我要给小朋友看的视频。到哪儿去了呢？好着急！你们丢过东西吗？你们丢东西时的心情是怎样的？

②幼儿帮教师寻找U盘。找到后，教师对幼儿表示感谢。

师：你们捡到过别人丢失的东西吗？捡到后你是怎么做的？心情怎样？

2.幼儿倾听故事，理解"诚实"的含义

①师：小明在幼儿园捡到了十块钱，你觉得他会怎么做？

②教师一边播放课件一边讲述故事《捡钱》，让幼儿理解"诚实"的含义。

③幼儿讨论：拾到了东西为什么要还给别人？找不到失主的东西该怎么办呢？

④小结：诚实是美德。我们捡到东西要赶紧还给失主。即使找不到失主也不能将东西据为己有，应该积极寻找失主。

3. 分组观看视频短片，幼儿讨论、判断并记录解决问题的办法

①师：每一组的电脑里都有一个小故事，请小朋友分组观看视频短片，讨论、判断并把解决问题的办法记录下来。

②幼儿分组看视频并讨论、记录，教师巡回观察、指导。

情境：

东东的玩具枪不小心丢在院子里了，被小红捡到了，就悄悄地带回了家。

萱萱不喜欢上幼儿园就对妈妈撒谎，说老师打她了。妈妈很生气，来幼儿园找老师评理。

小静看见桌上放着老师早上收的小朋友带来的项链，就悄悄地放进了书包里。老师问谁看见了项链时，小朋友都说没看见，小静也使劲儿地摇着头。

牛牛不小心撕坏了班上的图书，没人看见，他就悄悄地把书放回图书架。

③集中分享：你看到了什么小故事，故事里的小朋友做得对不对？你觉得怎么做好？

④小结：小朋友们积极动脑解决了问题，也懂得了怎样才能做个诚实的孩子。希望大家都能做个诚实的好孩子。

4. 联系生活，讨论提升

讨论：你们有没有不诚实的时候？当时心里是怎么想的？后来又是怎么做的？

幼儿讲述，教师一边图示记录一边与幼儿讨论提升。

【小结】捡到东西能归还，做错事情主动承认，犯了错误能够改正的都是诚实的好孩子，大家都会喜欢。

5. 活动自然结束

（案例提供：厦门市同安区朝阳幼儿园 庄秋萍）

（此设计获得厦门市社会主义核心价值观教学设计二等奖）

【中班科学活动】神奇的膨胀

【设计意图】

在植物角里，睿睿正撕掉一小片面包，捏成一个小球，放进鱼缸里，他想让小鱼也品尝一下美味的面包。只见，面包"小球"慢慢地由小变大，慢慢沉入水里。桐桐

惊讶地喊道："睿睿，你放的面包太大了，小鱼会被撑死的。"睿睿说："可是我刚刚就放了一点点啊，它怎么就变这么大了。"桐桐说："面包竟然会变大啊。"

幼儿在科学探究中，能对事物或现象进行观察比较，发现其相同之处与不同之处；能根据观察结果提出问题，并大胆猜测答案。根据幼儿发现的面包遇水膨胀的现象，为了让他们了解更多关于会膨胀的物体，设计了本次活动《神奇的膨胀》。

【活动目标】

①感知物体的膨胀现象，知道某些物体遇水会膨胀。

②能对现象进行观察与比较，并用简单的符号记录自己的发现。

③萌发对物体膨胀现象的兴趣和探究欲望。

【活动准备】

①经验准备：幼儿在生活中有见过膨胀现象的经验。

②物质准备：紫菜、黑木耳、白木耳、海带、面膜纸、海绵、面巾、水宝宝等，以及记录表。

【活动过程】

1. 物品导入，感知物体的膨胀

①师：今天，老师带来了一些东西，你们看，这是什么？（出示未泡发的黑木耳、海带、紫菜）

②提出观察要求。

师：老师在小朋友的桌子上也放了两盆这样的东西，请你们看一看，也可以轻轻地摸一摸，比较这两盆里的东西，有什么不一样？

③幼儿观察，并猜想。

2. 第一次实验：知道遇水膨胀

①师：你看到了什么？它们有什么不一样？

小结：有的干、有的湿，有的大、有的小，有的硬、有的软。为什么会有这样的变化呢？怎么才能变成这样？

②幼儿第一次实验。

小结：原来白木耳吸水会变大，我们把这种变大的现象叫做膨胀。

3. 第二次实验：知道有些物体能膨胀，有些不能膨胀

①师：是不是所有东西放进水里都会膨胀呢？老师为大家准备了石头、胖大海、面膜纸、核桃、水宝宝等材料，请你们再去试一试。

②教师出示记录表，请幼儿在实验前先猜测，并做记录，实验后记录实验结果。

③幼儿操作，教师观察指导。

④分享：你发现哪些东西能膨胀？哪些东西不能膨胀？

小结：像木耳等物品会主动吸水进入细胞中，产生膨胀现象；有些物品吸水吸得很少，或者不吸水，所以看不出膨胀。

4.膨胀原理在生活中的应用

①师：为什么要把海绵、面巾和面膜设计成这样？

②小结：这些物体由于形状的改变能节省空间，使用起来更方便，给我们的日常生活带来很大的便利。

③师：在生活中，还有哪些物体会膨胀呢？（地砖凸起来等）

④观看生活中膨胀的物体的应用幻灯片。

【活动结束】

师：物体膨胀的现象太神奇了，请你们回去以后继续找一找还有哪些膨胀的物体，并把你的发现记录下来。

（案例提供：厦门市同安区朝阳幼儿园 张燕鹏）

基于幼儿兴趣、需要、经验等的观察和解读，持续关注和推进课程，要求教师具有一定的专业能力。所以，日常的实践可能让教师感到不够踏实。教师时常会纠结自己是否准确地识别了幼儿的兴趣和需要，识别到之后应该怎样推进？这些问题让生成课程在推进时经常进入瓶颈，要么一开始开展得轰轰烈烈，最后却慢慢凋零；要么形式上想尊重幼儿的兴趣和需要，实际上以教师为主导推进了传统课程探究模式。所以，幼儿园的课程仅仅追随幼儿是不够的，教师专业能力的提升也是不容忽视的。

三、借助新闻话题萌发课程

在日常生活中，幼儿总能有意无意地接触到新闻时事。中班的大班的班级游戏也常设有新闻播报台。幼儿对新闻时事有着不一样的感官和视角，这也为萌发课程提供了生长点。

每天的新闻时事不少，但有利于幼儿发展的新闻却需要教师来筛选、甄别和判断。

在《奥运会》课程中，幼儿对"中国飞人"苏炳添产生了兴趣和疑问：为什么苏炳添没有拿到金牌，但是大家还是说他了不起呢？笔者敏锐地发现这是一个良好的教育契机，可以为幼儿带来思维的碰撞。笔者鼓励孩子去寻找该问题的答案，并开展讨论。有的孩子说：这是我国男子100米比赛最好的成绩，全中国最厉害的了；有的孩子说：黄种人的短跑成绩不如黑人和白人，苏炳添的成绩已经是非常了不起的；也有的孩子说：苏炳添的训练非常刻苦，才能有好成绩……在这之前，幼儿都只关注拿到金牌的运动员，但这次他们关注到了"破纪录""中国飞人"。这样的思辨能够助推幼儿的理解和思考。

再如，在庆祝中华人民共和国成立 70 周年的阅兵仪式上，军人们威武雄壮，动作刚劲有力、整齐划一，给全世界带来了极大的震撼。我们举国上下也都为之振奋和自豪！这是让孩子们萌发对军人敬意，萌发爱国热情的良好契机。什么是阅兵？军人的阅兵训练辛苦吗？阅兵为什么还要展示武器？军人在不阅兵时做什么？军人很辛苦，人们为什么还要参军呢？这些话题都深深吸引着幼儿，也值得与幼儿开展探讨。

又如，药学家屠呦呦获得诺贝尔生理学或医学奖，是因为她发现了青蒿素，该药品能够有效降低疟疾患者的死亡率。她是首获科学类诺贝尔奖的中国人。该奖项是中国人在世界医学界迄今为止获得的最高奖项，也是中医药成果获得的最高奖项。这是值得全体中国人为之自豪的新闻。幼儿通过这一新闻事件，认识了几种常见的中草药，知道中草药可以治病，并对我国的中医药博大精深的文化产生了兴趣和自豪感。

神舟十三号载人飞船的升空，飞船上王亚平阿姨要给 5 岁的女儿摘星星？庆祝厦门经济特区建设 40 周年是庆祝什么？这些幼儿易于理解且有价值的时事都能成为幼儿课程生发的起点。

【大班科学活动】多面镜子成像

【设计意图】

宇航员王亚平 5 岁的女儿说，希望妈妈能给自己摘回来黄色的五角星，只需要一颗，"要不然天上就不亮了"。"摘星星的妈妈回来了。"是孩子们最近的热门话题。孩子们想要满天的繁星，天上的星星有几颗？怎么才能让星星变多？孩子们在美工区画星星、折星星，在科学区用镜子制作闪闪的"星星"……这一幕，让我捕捉到课程生发的契机。于是，我根据《幼儿园保育教育质量评估指南》大班科学领域的目标，设计了本活动。

【活动目标】

①初步理解镜子夹角大小与物体成像数量的关系。

②能将自己的发现记录下来。

③乐意与同伴儿交流自己的观察、发现。

【活动准备】

材料准备：每人两面镜子、记录卡、笔、课件

知识准备：幼儿对镜子成像有一定的认识。

【活动过程】

1. 播放视频导入

（播放视频：摘星星的妈妈——航天员王亚平）

师：神舟十三号回地球了，摘星星的妈妈——英雄航天员王亚平回来了，你们喜不喜欢星星？喜欢什么样的星星？

师：今天老师要跟小朋友们玩一个关于星星的游戏。

2. 第一次探究：初步探究两面镜成像的秘密

①介绍材料及要求：每个小朋友有两面镜子、一颗星星和记录表，请幼儿摆弄镜子，探索能看到几颗星星，并记录在纸上。

②幼儿探索，教师巡回指导。

③师幼使用一体机，分享自己的发现。

④小结：当两面镜子形成夹角，星星放在夹角里，夹角越小，小朋友看到的星星数量就越多。

3. 第二次探究：巩固两面镜成像的秘密

①师：请孩子们用刚才总结的办法，试着调整一下镜子，并做好记录。

②幼儿再次探索，教师巡回指导。

③师幼集中分享。

4. 第三次探究：使用多面镜子，拓展成像经验

①师：刚才我们每人用两面镜子看星星。现在请你和你旁边的小朋友两两组合镜子，看看用了多面镜子会发生什么神奇的变化，并记录。边上还有几个圆形等不同形状的镜子，你们也可以试一试、数一数看到了几颗星星。

②幼儿尝试探索，教师巡回指导。

③教师和幼儿使用一体机，集中分享自己的发现。

④小结：原来多面镜子可以摆成三角形、正方形等形状，镜子夹角的大小、星星摆放位置与成像的数量有关。

5. 自然结束，引发幼儿活动延伸

师：镜子很有趣，老师把这些镜子放在区域，咱们不仅可以数星星，还可以数一数其他的小东西。我们在区域时间再继续发现它们的秘密吧！

【活动延伸】

在科学区继续探索镜子的秘密。

（案例提供：厦门市同安区朝阳幼儿园 庄秋萍）

教师发起的学习活动也很重要。

幼儿园课程是基于教师对幼儿发展的合理期望、基于国家层面对幼儿学习发展的影响，进行持续呼应的课程建构的过程，诸如一年四季、夏天的水果、冬天的动物、新年到、劳动光荣等以学科知识为基础的课程。课程不仅依靠幼儿生成，教师发起学习也是有必要的。

举一个例子来说明，2021 年，某幼儿园创建 10 周年了，打算召开一个创园 10 周年的庆典活动，该园教师号召全园的小朋友开展相应的课程。通过幼儿之间彼此分享

相关的经验和故事，促进幼儿在艺术表达、语言沟通、文化认同等方面的学习和发展。当业务园长把这个研究项目与班级教师进行研讨后，有的教师提出异议：小班的孩子能理解庆典活动吗？这是成人的项目，与我们一直坚持以幼儿为本的生成课程两者存在矛盾吗？经过研讨，该园教师决定将该课程建立在与幼儿对话倾听的基础上，从环境创设上入手，在与幼儿的互动中帮助幼儿建立与幼儿园庆典的连接。

课程发展中，教师可以看到各年龄的幼儿和教师带来的不同的学习体验。

图3-7　各年龄班的幼儿学校体验

大班的孩子们采访了幼儿园毕业的哥哥、姐姐，有上了初中的大哥哥、大姐姐，也有小学生。大班的孩子们记录了大哥哥、大姐姐对幼儿园的回忆和祝福。同时，他们还为幼儿园的生日献上祝福。有的孩子搜集幼儿园有历史的"老照片"布展，有的孩子准备表演节目，有的孩子制作卡片，还有的孩子录下祝福音频……一份份祝福承载了孩子们纯真的祝愿。

中班的孩子们提议布置幼儿园的环境，创设浓浓的生日氛围。他们有的画，有的剪，有的粘，还有的制作，将他们对幼儿园的爱融入环境布置中。

图3-8　搜集幼儿园照片

小班的孩子们对生日的认知更多在生日聚会、生日蛋糕上。于是，师幼一起策划了一场生日会，好吃的蛋糕、精美的生日帽、愉快的生日歌，孩子们快快乐乐地帮幼儿园过了 10 岁生日。

图 3-9　孩子生日聚会

所以，幼儿园课程强调为幼儿赋权，但不等于教师仅仅追随幼儿的兴趣和需要，也不仅仅是以幼儿为中心，而是基于教师对幼儿的持续观察和倾听，以及对幼儿兴趣需要的持续的解读。

四、平衡预设与生成

游戏中的生成课程是促进幼儿深度学习的有效路径。教师接纳幼儿在游戏中生成的新内容，分析其意义和价值，再引导幼儿进行探究。如果没有生成课程，就没有游戏中的学习。

但是，提倡幼儿生成课程并不等于放弃教师的预设课程，预设与生成的平衡是幼儿深度学习活动开展的关键性原则。在开展活动之前，教师根据"最近发展区"理论预设适合幼儿的发展性目标，提前设计问题、制订计划、设计实验等，尤其是充分了解幼儿从中可能获得的关键经验和关键思维能力，在幼儿的自主探究过程中给予适时、适宜的引导、支持、反馈、强化等，从而提升幼儿探究性学习的成效。课程的预设要留有空白，留有生发课程的空间。

以一次课程审议为例，让教师理解预设与生成的关系。

【教研主题】基于幼儿立场的课程前审议

【教研要求】请教师先预设近期要开展的课程提纲，上交并开展审议。

小三班课程预设的三次审议：

第一次审议：教师主导，未基于幼儿视角。

小三班教师经过班级研讨后，选择在草坪小山坡开展课程，并绘制了一张提纲。

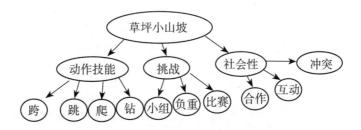

图 3-10　草坪小山坡开展课程提纲

审议时，教师纷纷提问：课程内容是由老师选择，还是由幼儿选择？幼儿平时喜欢在小山坡玩什么？……经过第一轮的提问，小三班教师发现自己的预设处于教师主导中，缺乏幼儿的立场。预设应该追随幼儿的兴趣和需要，而不是教师"点兵点将"、信手拈来地安排。

小三班教师决定，接下来多带幼儿到草坪小山坡开展游戏，观察并分析幼儿的兴趣和需要，再思考可以生成什么课程。

第二次审议：追随幼儿，但学习缺乏深度。

在一段时间后，小三班的教师发现班上的孩子最喜欢捡落叶、石子玩"煮饭"游戏。于是，两位教师讨论之后重新预设了"我的家"游戏，并根据幼儿的兴趣点绘制了提纲。

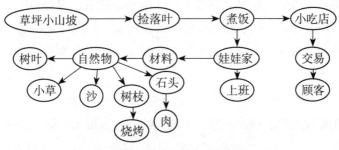

图 3-11　"我的家"游戏提纲

在审议中，教师纷纷提问：班级有多少幼儿对这个课程内容感兴趣？内容是教师预设的，还是由幼儿生成的？课程展开的线索是什么？研讨后，小三班的教师发现该课程虽然追随了幼儿的兴趣，但是，线索比较零散，没有主线。同时，该课程在室外开展并不见得比室内开展得更好、更有深度，没有充分利用"草坪小山坡"的价值。

第三次审议：用心聆听，师幼同编制课程。

这几天，小三班的部分孩子开始了滑草游戏。

教师发现幼儿对滑草非常感兴趣，教师把幼儿的讨论和问题记录下来，编制成提纲。经过教研组教师的讨论，最终预设了课程"有趣的滑滑梯"，计划后期启动实施。

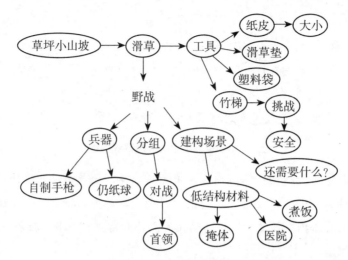

图 3-12　"有趣的滑滑梯"提纲

　　通过课程审议，引导教师从幼儿视角出发，以幼儿经验建构作为课程发展的主线。教师的预设可以应对课程初步发展中可能出现的状况，为幼儿进一步生成更有价值的活动做准备。

（案例提供：厦门市同安区朝阳幼儿园 小三班）

　　当找到了课程生发的契机后，课程就有了起点。接着，教师思考：可以提供哪些支持和策略？可以往上面进行引导和支持游戏走向深入？可以发展幼儿的哪些能力？

　　教师需要通过与孩子的互动，挖掘可利用资源，探寻课程生发的多元可能，多元推进课程发展。例如，教师可以与孩子互动："关于某某话题，你知道些什么""你还想知道什么"。在互动中，教师可以感知幼儿的已有经验，在此基础上拓展课程的形式，鼓励幼儿发现问题、解决问题，并进行经验的运用和迁移，提升学习的深度。

第三节　课程实施

　　建构主义认为，学习不是简单的教师向幼儿传递知识，幼儿被动地吸收，而是幼儿主动建构知识的过程。

　　虞永平教授在 2016 中国学前教育研究会学术年会上指出，课程就在幼儿的生活中，就在幼儿的行动里，就在幼儿发现问题和解决问题的过程中。生活中的事物是幼儿活动的重要对象，它们能给幼儿带来乐趣、带来挑战、带来想象、带来专注、带来快乐、带来经验。

　　王振宇教授指出，我们的研究方向和最终目标，是实现游戏和课程两个核心的融合，变双核为单核。我们认为，游戏课程化就是幼儿教育的双核合一的途径。

在充满教育契机的自主性游戏中，教师创设游戏环境、提供游戏材料、观察游戏行为和评价游戏水平，捕捉机会，以游戏生成课程，即教师从幼儿自主游戏中观察到一些有价值的东西，然后设计成专门的教学活动，把游戏活动延伸为进一步的教育活动。无论是游戏还是课程，都期望让幼儿"在游戏中学习，在游戏中发展"，即游戏课程化。

幼儿园课程以问题为线索，在一个个游戏中引出不同的小问题，最终构成一个问题体系，形成完整的课程。课程旨在幼儿解决问题、寻找答案，在活动中培养幼儿的意识、能力和态度，促进幼儿发展。

幼儿园自主游戏课程建构和实施策略主要有以下几种：

一、问题驱动策略

学起于思，思源于疑。问题是最优秀的幼儿老师。在游戏中，发现问题、解决问题是提高幼儿理解水平、思维能力的有效方法。教师要思考如何辨析教育价值，有效帮助幼儿梳理问题，以高水平问题促进深度学习。

幼儿的深度学习是在问题驱动下，综合运用各种知识和经验，运用高阶思维进行的学习。教师总是期望幼儿的学习能富有深度，这就要求教师提出能让幼儿应用其认知加努力来解决的问题，鼓励他们表达自己的想法，产生更高水平的思维。

什么样的问题才是高水平的呢？

首先，高水平问题绝不是简单的用"是""有"或"不是""没有"就能回答的问题，如这是苹果吗？其次，高水平问题的答案也绝不是显而易见的，如那个篮子里有几个苹果？再次，高水平问题不是只有唯一的答案，如你今年几岁了？

比较两个问题：

问题一：教师拿出一把新椅子，问幼儿"这是什么"。大部分幼儿都回答："它是一把椅子。"

面对封闭式问题或者具有明显答案的问题，幼儿通过理解问题，集中注意力，辨认某些特征就能回答，但是这样的问题没有能给幼儿提供进行深入探究和思考的机会。

问题二：教师把问题变成"你们喜欢这把椅子的什么地方"。岚岚回答说："上面有很多粉色的、旋涡一样的点，并且我很喜欢这个大大的靠背。"小珊说："这椅子与我家的椅子很像，坐着很软、很舒服。"

两个问题的优劣一目了然。问题二更富有启发性，鼓励幼儿表达自己的想法，产生更高水平的思维。

高水平问题能拓展幼儿思维和看问题的视角。例如，师幼讨论：未来的新型汽车是什么样子的？你为什么这样设计？幼儿陷入了长时间的讨论，阐述了自己的想法，互相争辩哪种是最佳车型和设计理由。珍珍说："它要有喷气式巨型引擎，要比闪电跑得快。"小贤说："我的汽车有翅膀，它飞得比直升机还高，遇到堵车就可以飞起来。"小宇说："我设计的车有 500 盏车灯，车身蓝白间隔排列，看上去闪亮耀眼。"开放、发散的问题拓展了幼儿的思维。

关于问题，有幼儿萌发的问题，有教师的提问，也有富含问题的情境等。

（一）幼儿萌发的问题

1. 教师支持幼儿提问题

幼儿富有好奇心，心中有十万个为什么，常会萌发出各种让人意想不到的问题。例如："怎样才能让我搭的这个高楼特别高又不会倒下？""给火车挖隧道，但是积木一直倒塌，怎么办？""为什么海上的轮船能浮着而不会沉下去，它不是很重吗？"游戏中出现的问题能调动幼儿思考和学习的积极性。

教师需要把握幼儿关注的热点问题，对具有教育意义和发展价值的事件进行价值判断，将游戏中幼儿提出的高质量的问题，生成为有价值的课程。这样的学习内容是幼儿的实际需求，这样的学习过程更富有生发性，而不是一成不变地落实教师预设的计划。教师需要根据课程发展目标，选择采用个别、小组、集体等形式，引发幼儿学习、迁移经验、获得新知，幼儿应该主动寻求教师帮助和同伴儿合作，从而解决学习过程中出现的问题。

教师将幼儿的问题进行归纳、整理，挑出有价值的问题进行探究。这样的师幼互动、幼幼互动、共享交流岂不达到了"事半功倍"的效果吗？

2. 教师鼓励幼儿将自己的问题记录表征

表征问题的过程就是梳理和明确问题的过程。游戏是幼儿的游戏，表征更应该来源于幼儿的视角。幼儿应该将自己的情感、能力和认知整体地呈现出来，也应该将大脑中的信息储存后进行真实、整体的输出。

幼儿的问题记录可以帮助幼儿厘清自己的思路，了解自己想做的事情，还可以帮助教师了解幼儿的兴趣和需要，引导幼儿带着问题去探索，更好地确定游戏和课程的方向，为游戏后期如何继续生发提供脚手架。从问题的记录不难看出幼儿对于游戏的深刻感受和真挚情感。小年龄的幼儿记录的可能是单一物体，简单的图形指代；而大年龄的幼儿记录的可能是一个事件的整体呈现，还会注意画面的色彩、线条的呈现，再到注重条理性，最后准确地表达出自己的想法和感受。

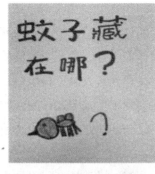

图 3-13　教师鼓励幼儿自己的问题记录

　　教师需要营造良好的前书写氛围，引导幼儿在游戏中从事一些记录活动是重要的。幼儿对问题进行表述时，教师要给予相应的支持和引导，提供鹰架，帮助幼儿梳理和明确问题。教师引导幼儿对问题进行梳理，是建立在教师多次引导幼儿探索的基础上的。例如，在幼儿记录好问题后，教师需要引导幼儿进行检视。幼儿回顾自己的问题清单，与同伴儿说一说。在回顾的过程中，幼儿等于把自己的思路回顾了一遍，就会觉察到哪些不是问题、哪些是模仿同伴的、哪些是自己并不感兴趣的。幼儿会再次调整问题的记录，得出自己真正想探究的问题。

（二）教师的提问引导

　　教师的提问方式在一定程度决定了幼儿的回应方式。在游戏中，教师对内容、方法、思路、表达等方面的提问能让幼儿充分地进行思考和表达，在探索中产生更多的问题，由浅入深、由易到难地探究问题的本质。所以，教师的问题设置对推进游戏和学习很重要。

1. 低阶问题与高阶问题

　　对于低阶问题和程式化的提问方式，幼儿根本不用思考，只需要进行简单的描述或是根据自己的已有经验机械地回应"是"或者"不是"，这无益于幼儿思维发展，幼儿缺乏思考和探究的机会。而高阶思维的问题往往能够引导幼儿积极参与学习过程，结合已有经验进行综合分析和判断，并且得出结论或是找到解决问题的办法，这样的思考过程才能促进幼儿高阶思维的发展。

例如，在讲述红色故事《刘胡兰》时，幼儿对刘胡兰的认知就是一位"不怕死"的女英雄。在孩子的心目中，这样的英雄不是普通人，离他很远。幼儿对英雄的体验其实是比较空洞且单薄的。于是，我和幼儿一起讨论：在遇到敌人时，在生命最后一刻时，刘胡兰会害怕吗？她会不会想，如果投降了就不会死了？基于这样的问题，幼儿设身处地思考，更深入地理解英雄的心理，拉近了英雄与幼儿之间的距离，使得英雄的形象更加丰满。

在积极的互动氛围下，教师可以根据活动内容将目标分解，设计具有明确的指向性的，不同梯度、不同类型的问题支架，有效促进提问和回应，从而理解幼儿的深度学习。

如何设计高阶问题呢？

①高阶问题可以来自游戏的关键处。例如，教师可以设计关键问题来激发幼儿的探索和思考："你喜欢白天还是黑夜呢？没有白天或者黑夜，行吗？""如果我们把水浇到沙子上，会有什么样的变化？我们需要使用别的工具吗？"

②高阶问题可以从现实生活和幼儿经验出发。例如，教师可以提问："所有的厨余垃圾都能制作堆肥吗？你知道什么厨余垃圾是不适合做堆肥的？"教师需要鼓励幼儿创造或增加难度，如"你能不能将所有积木都用来搭建一个东西？"教师可以主动提供帮助，如"需不需要我帮你防止积木倒塌？如果我们把底座搭建得更加牢固，它就不会倒了"。

③高阶问题可以依托幼儿产生的问题。例如，教师预设幼儿可能会发生的争执，这需要教师在游戏中留意幼儿的想法，如"羽毛和木头从同一高度同时落下，哪个会先着地？"

2. 教师的提问技巧

在特定的互动中，教师针对不同的幼儿恰当地提问，可以促进幼儿思维的发展。教师提问的技巧有：

①在提问前，教师需要考虑一下幼儿所处的发展水平和其原有经验，即幼儿有足够的能力来回答这个问题吗？他们知道多少恐龙的知识？他们坐过共享单车吗？

②教师需要留足等待时间，让幼儿理解问题并思考、回答。教师可以留出两三秒钟的时间，时间长度要根据幼儿的实际需要灵活变化。

③教师需要以"我想知道……"或"你注意到什么……"的句式对幼儿进行提问。这种提问方式有助于幼儿思考和观察。

④在幼儿作出回答后，教师可以继续追问或者进行评论。例如，"我们还可以加上什么"或者"可以再多说点吗"。

⑤教师需要认真聆听幼儿的回答。教师需要使用认真聆听的策略：眼神接触、鼓励幼儿分享想法、重述或概括幼儿的表述。

【游戏案例】磁铁找朋友

在以往"磁铁找朋友"的游戏中，教师习惯于提问："谁能来帮助磁铁找到它的朋友？""你回答得真好，还有吗？"这样问题的目的十分明确，但关于"磁铁能吸哪些物体"却思考、操作不足，属于低阶问题和程式化的提问。

因此，教师要改变问法，设计并提出开放性的问题，倾听幼儿的观点。

师：磁铁可以跟磁铁当好朋友吗？

幼：用磁铁去吸磁铁看一看。

师：那你猜一猜会不会吸上呢？请你去试一试。

幼：我觉得会。

幼儿自主探究，过了一会儿，他过来找我，问：为什么这边不能吸？

师：你怎么发现的？

幼：用一边可以吸，然后把磁铁翻一面就不能吸了。

师：有什么好办法可以知道哪一面和哪一面可以吸在一起？

幼：我可以做个记号。

师：在我们的材料里，有些磁铁已经做了记号的，你去找一找它们，再来试一试。

有效且具有开放性的提问，充分体现了幼儿在前、教师在后的理念，鼓励幼儿积极思考。这就是游戏中的学习，是有认知、有情感、有社会性的整体学习。

来源于幼儿生活的问题最能激发幼儿主动学习的愿望，以问题为中心的探究活动成为生成课程重要的活动方式。问题的提出给予了幼儿实践操作的机会，有利于教师发现幼儿，推进课程。

二、任务导向策略

在游戏中，适当的任务可以驱动幼儿持续的探究。任务可能是幼儿自发生成的，也可能是教师根据课程需要设计的富有挑战性的小任务。通过幼儿与任务的深度互动，交叉进行着获取知识、加深理解和迁移应用。好的学习任务可以将幼儿带入学习情境，激发他们强烈的学习动机，使他们能够积极、主动地提出问题、分析问题、思考推理、沟通交流，最终解决问题。

【游戏案例】桥之探秘

建构区的芳芳问："为什么桥不会掉进河里？"原来她家附近的一条河上正在修桥。教师抓住这个问题，问了游戏中的其他幼儿。小竹说："它底下有桥墩撑着。"珍珍补充道："铁索拉着它。"通过这次讨论，教师决定在本周剩余的时间里改变建构游戏的预设计划，给幼儿一个任务，让幼儿自主探索建造桥梁。

幼儿用蓝色的纸制作了一条河流，接着在河流上尝试建造他们自己的桥梁。建构水平较高的幼儿尝试了各种积木配置方法，把长的四倍单元积木或者短的积木放在几根柱子上；建构水平一般的幼儿则简单用积木横穿蓝色的纸排成一排。

接着，教师决定在接下来的一段时间内继续开展"桥梁"的游戏课程，让所有幼儿都有机会尝试他们的建造技巧。教师给每组的桥梁都拍了照，并把照片挂在了建构区。教师还带着幼儿参观了真正的桥梁建造工地，并带回有关工程进展的记录……教师和幼儿一起创建了关于桥梁的课程网络图，用各领域的发展目标支持这个课程。

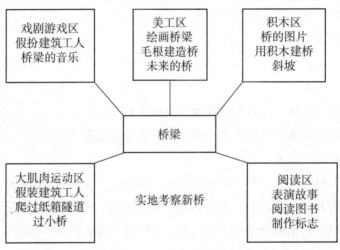

图 3-14　桥梁课程网络图

在案例中，教师根据幼儿在游戏中表现出来的兴趣和需要，及时地组织和引导幼儿开展相应的学习活动，给予"任务"，帮助幼儿扩展、丰富或深化有关的经验，从而使课程目标、内容与幼儿游戏和发展的现有水平之间更"相称"或"匹配"。教师在仔细观察和反思后，提供可供攀登的"脚手架"，挑战幼儿的认知，这是一种积极的支持，促使幼儿从发展的"原有水平"进入"最适宜水平"。教师不仅把握住了促进幼儿发展的可贵机会，而且在幼儿需要的时候，支持幼儿学习，使多数幼儿"在最需要的时候学习"成为可能。

【游戏案例】新闻播报（节选）

1. 第一次观察与推进

大 1 班几位幼儿和同伴儿说起最近发生的新鲜事情，几个语言能力强的幼儿讲述得活灵活现，精彩极了。于是，在师幼共同提议下，语言区成立了"新闻播报台"。

涛涛平日里到语言区只是静静地看书，他还是"新闻播报台"的忠实观众。这天，玲玲提议小朋友们轮流上台讲新闻，大家都同意了。轮到涛涛，他上台后不停地用手搓着袖口，眼睛东张西望的。最后，涛涛涨红着脸，害羞地说："我今天的新闻是一辆汽车……为了要救一只……一只小猫，翻车了！"

相反，玲玲是一位大方的女孩子，每次新闻播报时总能把自己带来的新闻和小朋友分享："大家好，今天我为大家播报一条新闻。有一位老奶奶年纪大了，却被儿子和儿媳妇赶出家门，住在家门口的草屋里。冬天到了，老奶奶冷得发抖，好可怜！大家都说她的儿子不对……"当观众的幼儿也附和："老奶奶太可怜了。她的儿子太坏了……"玲玲的新闻总能激起很多小朋友的共鸣。

我准备了一些筛子、抽奖箱等材料，鼓励表达能力弱的幼儿扔一扔、摸一摸、说一说，练习讲述一段小故事，尝试讲清一件事情的要素，并引导他们将获得的经验迁移到新闻播报中，逐步养成完整讲述的好习惯。

图 3-15　抽奖箱

2. 第二次观察与推进

又轮到涛涛上台讲述新闻了。这次，他还是不断用手搓着袖口，双眼不看小朋友了却直直看着台面，但声音响亮了许多，播报新闻的完整性和连贯性也明显有了变化。"今天我讲的新闻是有一个男的到处跟人讲话，骗了人家的手机。""这条我也看过。"有幼儿附议着。"最后怎么了呢？"有幼儿忍不住问。涛涛接着说："最后，警察去他家检查，把骗到的手机都没收了。那个人也被警察抓走了。"

涛涛这次的表现进步了不少，也赢得了小朋友的掌声。

师幼一起设置"闪亮小主播"比赛活动，制定获得红花的规则。这样的活动鼓励幼儿积极参与播报活动，并提高了新闻播报的质量，让幼儿在理解新闻的基础上生动、清楚地表述，争做闪亮小主播。

（案例分享：厦门市同安区朝阳幼儿园　庄秋萍）

（此案例获得厦门市第二届幼儿园业务园长游戏案例比赛二等奖）

幼儿必须亲身经历探索未知、解决实际问题，没有人能够替代他们去体验，也不应该替代他们。只有有深度的持续互动，有意义的深度学习才可能发生。

三、情境体验策略

在幼儿教育中，运用情境体验是一个比较有效的方法。教师创设的情境不仅要贴近生活，还要考虑幼儿的已有经验，确保幼儿可以凭借自身掌握的经验去获取新的智慧。幼儿身临其境，能体会游戏带来的乐趣，同时还能促进理解学习，增强趣味性，提高学习效果。

常见的情境创设有生活情境、问题情境、游戏情境等。教师在应用情境体验策略时，通过语言引导、场景布置、联系生活、模拟现实场景、观看视频和图片等方式提供鹰架，营造幼儿喜爱的情境，积极为幼儿提供交流、实操、思考、体验的机会，促进幼儿社交能力、思维能力、应用能力的提升。以问题情境为例，暑假来临前，教师提出问题：放假了，自然角的植物怎么照顾？幼儿想了很多办法：请值班老师帮忙、设计植物自动饮水机、幼儿带回家照顾、安排值日生定期来浇水除草……教师随着游戏发展，不断提出新问题，幼儿随之不断思考、表达，使游戏不断生发。

使用情境体验要避免以下问题：情境过于简陋，无法体验；情境失真，误导幼儿；编造情境，脱离现实等。

【课程故事】下雨我不怕

【故事缘起】

受到疫情影响，家长不能入园接送幼儿。每天总有几个不愿自主入园的幼儿在门口磨蹭，甚至哭泣。下雨天的接送对于幼儿园和家长来说都是一个大难题。

【故事发展】

1. 游戏模拟

"下雨"的情节也被幼儿运用到游戏"幼儿园"中。"妈妈"送欣欣上幼儿园。

欣欣说："下雨了，我冲进幼儿园去。"

玲玲说："下雨天，我可以打伞走进来，就不会淋湿了。"

小蕊说："我可以穿雨衣，我奶奶下雨天就是穿雨衣的。"

每个孩子想使用的雨具不同，有的想穿雨衣、雨鞋，有的想打雨伞。在游戏中，幼儿模仿下雨的入园情景，玩得有声有色。"小老师""小保安"也跟着"撑伞"，在工作岗位上尽职尽责。在分享环节，幼儿将自己的经验向全班分享，博得好评。

2. 真实体验

几天后，下雨了，这是一个很好的真实学习情景。经过游戏模拟的孩子们会怎么入园呢？老师早早地等在幼儿园门口，期待幼儿的精彩表现。第一个来的是穿着斗篷式雨衣的小女生，原来是莉莉。紧接着是小红，小红穿着小猪款式的雨衣，跑过来和老师打招呼："老师，这是我妈妈给我买的新雨衣，好看吗？"孩子们有的打着漂亮的小雨伞，有的身穿雨衣，兴高采烈地踏进了幼儿园的大门。

图 3-16　新雨衣体验

3. 如何收纳

问题又来了，这些漂亮的雨伞、雨衣被带到教室后该如何收纳？老师又把问题抛给了孩子们。有的孩子说用桶装雨伞，外面商店都是这样放的；有的孩子说把雨衣用衣架晾起来；有的孩子说走廊有一些游戏用的粗的 PVC 管。接着，大家就收纳材料的材质、摆放雨伞的方式也进行了充分的讨论和思考。经过反复对比，幼儿确定了使用 PVC 管来收纳的办法。他们将雨伞雨衣折叠或压卷放置在管里，长柄伞也插入管中，收纳得整整齐齐的。

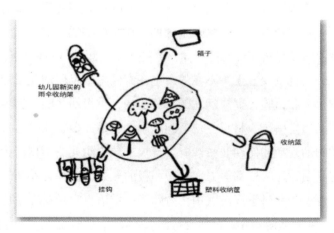

图 3-17　思考

【故事感悟】

该课程生发于游戏，运用于生活中，是幼儿遇到的真实问题。教师利用真实情境，让幼儿充分地进行体验。幼儿是学习的主体，在学习中掌握着课程的进程，尽情体验着过程中的快乐，同时也发现了其中存在的困难，努力寻找解决困难的办法。

该入园活动与游戏、劳动教育、同伴互助等结合起来，不仅培养了幼儿的独立性，使幼儿学会自己的事情自己做，还学会了互相帮助、合作沟通。看似简单的一件事，但孩子从事件中获得的发展是多元、全面的。

（课程分享：厦门市同安区朝阳幼儿园 庄秋萍）

四、深度互动策略

互动是指对话及相互构建，是师幼、幼幼、亲子之间的一种教育情景和游戏精神。通过游戏中的深度互动，实现深度学习。

（一）师幼之间的深度互动

核心素养导向的幼儿园游戏，教师的角色发生了变化。幼儿由于能力有限，在游戏中开展学习活动仅凭自己的能力难免会遇到无法解决的问题，这就需要教师给予适当的支持。教师的支持是幼儿开展深度学习的重要影响因素。

例如，在磁力游戏中，一个小男孩儿兴奋地跑过来："老师，我有一个新发现！"男孩儿手拿着两条磁力棒，反复尝试，激动得很。老师走近，说："哦，那快把你的发现画下来。"小男孩儿置若罔闻，还兴奋地与同伴儿分享他的新发现。老师继续说："快把你的发现画下来吧。"小男孩儿依旧像没有听见一样。当孩子欣喜地告诉老师自己的新发现时，这位教师首先关注的不是孩子发现的是什么、怎么发现的，而是希望孩子把科学现象画下来，呈现成果。显然，教师在观察儿童游戏时，先想到的是自己心中的目标，教师是带着目标以及某种期待在观察游戏，引导幼儿。在这样的儿童观之下，教师依然没有站在幼儿的视角去看待表征，想的依然还是自己的目标。

幼儿有充分的自主权，无所不在的自主探索破除了阻碍幼儿发展的障碍。教师应该关注幼儿的生活和经验，促成幼儿的自我建构，重组幼儿的个体经验。教师可以通过多种方式，如启发引导、材料支持、问题思考、借助多媒体等方式帮助幼儿实现深度学习。好的师幼互动能使幼儿游戏有序开展，减少幼儿的不良行为，对幼儿的学习积极性、学习品质、经验迁移等方面产生积极的效果，对提升幼儿学习能力有着事半功倍的效果。例如，在科学区游戏中，教师要注重语言引导；在角色扮演区中，教师可以参与其中；在表演游戏中，教师要扮演"听众"，适时观察，及时介入，巧妙引导。

良好的师幼互动有以下几种：

①描述——教师描述幼儿的游戏情况，描述幼儿对于材料的使用："我看见你把妈妈的围巾披在身上当翅膀""我看见你把积木放进锅里玩炒菜游戏"；描述幼儿的操作："你把橡皮搓成一条长条，再用塑料刀子切成一段一段的"；描述幼儿的作品细节："你搭建圆形屋顶的时候，能用积木慢慢缩小圆，最终成功"；描述儿童的情绪感受："从你的笑脸中，我能感受到你对作品非常满意"。描述既能让幼儿感受到教

师对他们的关注，又不会干扰幼儿的思路。

②联系——教师描述幼儿正在做的事情："乔乔，你又开始玩自卸卡车了，我看到你正在往车子里面装沙子。"接着，教师应该拓展幼儿的学习，乔乔示范了自卸卡车怎么玩，知道了卡车要推动操作杆，但是他不会使用"操作杆"这个词，那么教师就要做一个语言示范："我要卸沙子，需要推一下操作杆"。

③认可——"哇，我看到你们使用了许多长积木建了地下车库。它有两层，还有很高的围墙。"

④鼓励——"你们的超市可真忙。里面有购物的顾客，还有收银员！"

⑤提供榜样——"有时候，我也不知道该用橡皮泥捏什么。所以，我先将它滚来滚去，一边敲击它、感受它，一边思考。"

⑥增加挑战——"如果我们把水浇到沙子上，会有什么样的变化？我们需要使用别的工具吗？"

⑦提供帮助——"需不需要我帮你防止积木倒塌？"

⑧提供信息——"你用乐高积木拼了一辆消防车。你还记得我们参观的那辆消防车吗？那辆消防车有没有梯子和其他工具吗？"

⑨提供指示——"美工区里有许多可以用来玩耍和创作的材料，你可以用胶水和糨糊去制作你想做的拼贴画。"

此外，教师还可以通过适时质疑或者引导其他幼儿质疑，引导幼儿多角度思考问题、完善方案；巧妙地引入问题或者资源，搭设支架，帮助有困难的幼儿小步向前走；指导幼儿厘清思路、提炼方法、构建模型等。

在幼儿分析问题、设计方案、解决问题、讨论交流、展示成果的过程中，教师可以与幼儿进行深度互动。随着有效互动的提升，师幼互动过程迅速发展，也许只需要一两分钟就能完成一场高质量的互动。

【大班游戏案例】疯狂原始人

【案例源起】

在进行户外活动的时候，彼得从菜地里捡来了一根树枝，将一端朝下双手反复旋转摩擦，持续了一段时间。这时候几个孩子围了过来，好奇地大喊起来："你在干什么呢？""你是在磨树枝吗？"彼得自豪地说："我这是在学原始人取火呢，电视里的原始人就是这么做的！"此时，大家你一言我一语聊开了，"谁是原始人啊？""我们身边有原始人吗？""我知道，我也看过这样的，这叫钻木取火。"就这样，孩子们开始了对原始人的研究之旅。

第一次观察

【幼儿行为表现】

大家经过讨论之后，开始了自发的"钻木取火"活动。随后，有的幼儿负责捡树枝，有的幼儿负责搬运，有的幼儿负责"钻木"。他们尝试了各种方法：将树枝一端在地上摩擦、两把树枝相互碰触快速摩擦、小手与树枝摩擦……有的小朋友把树枝一端磨圆了，有的小朋友把树枝一端磨得有点锋利。彼得兴奋地说："我的树枝有点磨烫了，但为什么还是没有火呢？"

宜轩说："为什么原始人取得了火，我们却取不了火？"

奕帆说："我知道松刺很容易起火和引火，原始人应该是用它来钻木取火的吧。"

一时间，他们由"钻木取火"引发的关于"原始人"的话题越来越激烈。

图3-18 "钻木取火"游戏

【幼儿发展现状分析】

第一，自主性。幼儿们自发进行探索，满足了自己的好奇心。在教师干预和默许之下，幼儿可以自由表达自己的探究愿望，显露了个人的潜质。

第二，合作性。"钻木取火"的共同愿望使幼儿相互协商、分工合作，善于提出建议，通过倾听同伴儿的意见，明确自己的任务职责，学会与他人合作。

第三，探究性。幼儿尝试寻找方法，不断交流，如彼得小朋友兴奋地发现"树枝有点烫"，从中可以看出，幼儿能通过观察、比较和分析，发现并描述物体的特征和前后的变化。

【推进思路】

①教师提供影视片段，使幼儿了解钻木取火的过程和原始人的生活。

②针对"钻木取火"初探，教师可以引导幼儿猜一猜、想一想：木头在石头上面钻，能着火吗？想一想：我们钻木取火的时候是不是力量不够呢？能不能增加一些容易起火的自然物品呢？引导幼儿大胆猜测，并记录下来，下一次验证自己的猜测。

③下一次增加的材料：树叶、木头、稻草、石头、钻木取火工具、调查记录表等。教师在下一次可以增加这些材料供幼儿体验原始人的生活。

第二次观察

【幼儿行为表现】

元浩和几个小伙伴在一旁继续尝试钻木取火。芷芯和几个小朋友开始寻找用树叶和提前投放的稻草装扮自己。

芷芯说："我要用树叶做一条裙子，可是要怎么连接起来呢？"

婧恩说："可以在树叶上挖个洞，再用绳子将树叶连接起来呀。"于是，他们开始制作树叶裙子。

奕帆说："我要用树叶做一个盾牌，抵挡野兽的袭击。"

于是，奕帆用树叶和干草做好了"盾牌"。孩子们陆陆续续都装扮好自己。

彼得兴奋地问："原始人住在什么地方呢？"

楷恩说："他们应该住山洞里，没有房子。"

宇祥说："原始人会搭帐篷、盖草屋。"

于是，彼得和其他小朋友用一些稻草和木头搭建房子模仿建造原始人的住所。盖好房子后，孩子们开始模仿原始人射箭捕猎。

彼得说："原始人的生活很有趣，可以钻木取火，还可以自己盖房子、做衣服，他们太能干了。"

明枫不解地问道："原始人玩什么呀？他们有玩具吗？"

思颖说："他们没玩具吧。原始人最重要的事情就是捕猎，然后跳舞庆祝。"

杨洋说："哇塞，听起来太有趣了，我也好想像原始人一样捕猎、跳舞庆祝啊。"

图 3-19　原始人捕猎跳舞游戏（一）

图 3-20　原始人捕猎跳舞游戏（二）

【幼儿发展现状分析】

元浩学习原始人钻木取火体现了幼儿主动尝试发现事物间的异同和联系的过程。芷芯、婧恩、奕帆等用树叶做裙子和盾牌体现了他们遇到困难能与同伴儿商量、乐于助人的美好品质。彼得和其他小朋友用一些稻草和木头搭建房子模仿原始人的生活，盖好房子后，他们还模仿原始人射箭、捕猎，这里体现了幼儿在探究中能与他人合作交流。幼儿在游戏中能为下一次游戏做计划，把本次的游戏经验延续至下一次游戏。

【推进思路】

①教师提供原始人的化妆舞会和捕猎的短视频，使幼儿了解原始人是如何捕猎的，以及是如何庆祝的。

②下一次提供：各种树叶、像动物皮的布、纸板、绳子等。

③开展"化妆舞会"体验原始人生活。幼儿自制衣服和武器，装扮自己，角色扮演"原始人围猎"，在"围猎"后庆祝。

第三次观察

【幼儿行为表现】

有了前两次的经验，博宇和奕帆等孩子们动作娴熟地用准备好的叶子在班级制作原始人服饰和武器。

博宇说："奕帆，这个盾牌，你可以帮忙装上绳子吗？"

奕帆说："可以呀，你手扶着盾牌，我来给绳子打个结。"

于是，几个孩子配合完成了一些难度大的盾牌。大家各自装扮好自己。女生打着鼓给男生加油打气，首领带领男生"原始人"们去寻找食物。

宜轩说："我来扮演野兽，你们来抓我。"

博宇说："这是我做的武器——木枪和盾牌，一定能抓到你。"

游戏开始，宜轩扮演成"山羊"四处乱跑，其他"原始人"开始追捕，经过激烈的追捕"打斗"之后，"山羊"和"野狗"两只猎物被捕。捕猎之后，部落所有的人围成一个圈，有的欢呼，有的打鼓，用独特的方式庆祝着。

楷恩说："下次我想当猎物，太好玩了。"

孩子们意犹未尽地结束了此次的化妆舞会。

明枫问："原始人除了会捕猎，还会做别的事吗？原始人要学习吗？他们是怎么学习的？"

奕帆说："原始人会画画、写字吧。"

我引导他们先回到活动室，准备下一次探究这个问题。

图 3-21　扮演山羊游戏

【幼儿发展现状分析】

博宇和奕帆等幼儿都能给自己做好原始人服装和武器，这里体现了幼儿能用多种工具、材料或不同表现手法表达自己的感受和想象。奕帆和博宇在合作制作武器时也体现了他们能与他人相互配合，也能独立表现。在化妆舞会上，孩子们打鼓欢呼体现了孩子们能用律动或简单的舞蹈动作表现他们的情绪或自然界的情景。孩子们自编自演故事，并为表演选择搭配简单的服饰、道具等。孩子们的欢呼体现了他们在探究中能与他人合作与交流，以及他们在游戏探索中感到了兴奋和满足。最后，明枫问："原始人要学习吗？"体现了大班幼儿好奇好问好学的特征。

【推进思路】

①下一次需要的材料：绘本《原始人的一天》、视频《三十六个字》《仓颉造字》、幻灯片课件、象形字卡片等。

②针对孩子提出的"原始人要学习、写字吗"的问题，教师支持策略，开展集中活动课：会说话的象形字。教师可以借助视频《三十六个字》《仓颉造字》和绘本《原始人的一天》，帮助幼儿充分理解和感受原始人的一天；帮助幼儿了解象形字的由来和基本特点，让幼儿尝试组合象形字，并大胆地进行语言表达，感受中华象形文字的美和内涵，萌发对文字的兴趣。

（课程分享：厦门市同安区朝阳幼儿园 林浩、陈佳佳）

教师对幼儿在游戏中展现的学习品质应该予以积极的回应和支持，这个过程为幼儿向着更深层次的探究提供了机会和可能。

（二）幼儿之间的深度互动

深度学习不是一个人的学习，是多人共同参与的学习。幼儿在参与的过程中能够对话沟通、共同思考。幼儿之间年龄相近，发展水平也比较相似，彼此熟悉亲近，交流比较轻松，容易接受对方的观点，产生共鸣。幼儿与同伴儿互相借鉴、启发，思考问题的角度和思维方式更加全面、规范。同时，同伴儿合作是幼儿解决问题、推进活动的重要环节。幼儿进行调查与分析、提出方案或规划的讨论过程，就是表达自己观点和开阔思路的过程，也是幼儿个体之间、小组之间自我修正、完善的过程。同伴儿一起学习、一起游戏，同伴儿间共同商议，彼此评价、沟通，解决在游戏中遇到的问题，提升学习效果。

【大班课程故事】迷宫游戏（节选）

孩子们设计好迷宫图，开始寻找可以做迷宫的材料。

玉婷说：椅子摆一摆，可以围成迷宫。

迪迪说：积木也可以搭迷宫。

青青说：纸箱可以做成迷宫，还能挖洞钻来钻去。

小宝说：纸箱迷宫怎么做？

琪琪说：箱子刚好可以让我一个人钻进去。

然然说：我想在箱子上面开一个洞，我就能爬出去了。

叮当说：我们去找工具，用剪刀吧！

小宝说：把箱子连在一起，就是很长很长的路。我们找胶布吧！

琪琪说：纸箱太大了，纸箱怎么连在一起呀？我们请老师帮忙用绳子绑吧。

孩子们找来工具固定纸箱，开启了制作纸箱迷宫之旅……

图 3-22 积木迷宫游戏

图 3-23 纸箱迷宫游戏

孩子们提出了很多想法，户外的轮胎、户外的大型器械、纸箱，还有建构室的积木都可以搭建迷宫。大家经过讨论、设计便开始搭建迷宫了。通过小组合作、集体合作等方式，孩子们创设了花园迷宫、停车场迷宫等。孩子们热情高涨，从不会画设计图到能把自己的想法用简单的线条画出来，然后，能与同伴儿讨论、商量，并设计自己的迷宫图，最后收集各种材料，依靠各种工具来辅助制作。在这一过程中，孩子们提升了解决问题的能力，提高了表征记录的水平，提高了使用工具的能力。

在整个游戏过程中，孩子们与同伴儿分工合作、交流沟通，积极动手、动脑并寻找问题、解决问题。教师看似"无作为"，其实一直在场默默观察，给了幼儿更多的学习空间，欣喜地看到了幼儿之间的深度互动及更多的能力和思考。

（课程分享：厦门市同安区朝阳幼儿园 庄秋萍、张燕鹏）

同伴儿之间不仅有友爱的合作，还可能有不同意见，出现分歧矛盾。分歧可能引发争吵和协商，也可能碰撞出新的思维，幼儿需要静下心思考同伴儿的不同观点，发展批判性思维，从而解决问题。从产生分歧到彼此理解再到达成共识的过程，可以促进幼儿沟通、思考、合作的能力。

【大班游戏案例】坐飞机

东东要用上课用的靠背椅（木制）当飞机座椅。他认为，真飞机上的椅子是靠背的，很舒服；小达则想用小圆凳，理由是木头椅子太重，小圆凳很轻还特别好收拾。两人争执不下，小达甚至说：搬木头椅子太累了，我才不干呢！要搬让东东自己搬。经过好脾气的东东的一番劝说，最终，小达答应一起搬木头椅子来当飞机上的椅子。

在游戏中，两位幼儿在飞机椅子的使用上产生了分歧，情绪上已经发生变化，但经过协商，观点最终达成一致，解决了分歧。

图 3-24　坐飞机游戏

可见，冲突不一定是坏事，如果冲突能妥善解决，则有利于促进学习和发展，提高幼儿认知水平和社会性发展。

（案例分享：厦门市同安区朝阳幼儿园 庄秋萍）

五、经验迁移策略

迁移是指把已有经验迁移到新情境的能力，并在新情境中获得新经验，即举一反三、触类旁通。经验迁移是新、旧学习之间的互相影响，是深度学习的重要环境。深度学习的显著标志，是幼儿能够将学到的知识、技能、方法运用到生活中的问题解决，即运用于迁移经验。

在进行迁移性学习时，幼儿能在新的场景中经历新一轮的探究性学习。幼儿能够运用已有相关经验，在环境、内容类似的情况下，积极参与，进行迁移和反馈，从而强化经验。就像幼儿先学习了正方形，再学习长方形、梯形、正方体、长方体，就会产生经验的迁移。

例如，幼儿玩水游戏中，教师根据预设目标，引导幼儿找来各种粗细的水管，感知水的流动、水的浮力及水与人类生活的关系。在探究中，幼儿发现水不仅从高处往低处流，在某些条件下，水也会"爬坡"。有了这个认知，幼儿就能够把该经验运用迁移到自然角中，引发周末浇花器、变色小实验等系列活动。他们在关于"水爬坡"的学习中提出了自己的想法，并使用复杂的认知思维，自主建立探究方法，并积极、互相合作地参与调查、表达和分享。

【课程故事】台历的秘密

【课程源起】

图 3-25　台历的秘密

晨晨小朋友开心地说："老师，今天是我的生日。"我高兴地搂住她，说："祝你生日快乐！"边上的姗姗听见了，说："我的生日是 5 月 10 日，马上就要到了。"一说到生日，孩子们就兴奋起来："我的生日是 9 月 1 日，开学的第一天。""我的生日是 11 月 30 日。""我的生日是国庆节。"……孩子们叽叽喳喳的，格外热闹。我灵机一动，拿出一本台历，向大家说："我把你们的生日都标注出来吧！晨晨的生日是 3 月 6 日，我在下方写上晨晨的号数。""我看看，我的生日是 6 月 2 日，老师帮我记下来。"……孩子们像炸锅一样抢着说。写好后，我把台历放在科学区，让孩子们讨论、分享、记录。隔天，有几个孩子也带来了几本台历，科学区热闹起来了。孩子们有的围着挂历窃窃私语，有的开心地寻找同伴的生日……给孩子充足的时间去观察吧！我默默地退到边上观察。

【课程发展】

问题一：一个月里有几个周末呀？

科学探索区里几个孩子拿着台历在叽里咕噜地争论着。

"星期六、星期天的数字是红色的，黑色数字代表星期一到星期五。"肖怡发现了秘密。

"我爸爸说，黑色数字的日子，爸爸、妈妈要上班，我们要上学，红色的日子是周末，我们就可以休息了。"小清也发现了这个秘密。

这个现象，连每天看日期的我竟然都没发现！我真是打心眼里佩服这些孩子！

"我最喜欢周末了，好想天天是周末！"肖怡说完，不禁笑出声。

"一个月里有几个周末呀？"不知是谁的提问，竟然引起共鸣。

"数一数，1月份星期六和星期天一样多，都是5个。"小清说。

"2月份、3月份都是4个星期六和4个星期天。"莉莉说。

"4月份星期六比星期天多一天。"有人提高了声音。

孩子们饶有兴致地一一往下数……

"5月份的星期天比星期六多一天。"小清大声叫起来。

孩子们纷纷翻到6月份……几个孩子一下忙开了，台历翻得哗哗响。又有一些孩子挤了过去，也想看个究竟。

幼儿从发现日历上数字颜色的不同，到发现每个月星期六、星期日数量的不同，孩子们的探索逐渐深入，这不仅需要孩子有敏锐的观察力，而且还运用到了统计的知识。这是一个很好的教育契机，教师顺水推舟，为后面的教学活动做好铺垫。"你们先把你们的发现记录下来吧！"我提示孩子们及时做好记录。在记录中，相信他们还会有新的发现。

问题二：为什么每个月的周末天数不一样？

"怎么会出现这种现象呢？"我参与了讨论，有意抛出了一个问题。

"也许是每个月的天数不一样吧？"柏宁提出了自己的设想。大多数孩子赞同了他的观点，开始数起天数来了。

"1月份31天，2月份29天，3月份31天。"数到这儿，孩子们就发现问题了。

"1月份31天，2月份29天，1月份星期六、星期日都是5个，2月份都是4个。"肖怡说。

"1月份和3月份都是31天，可是3月的星期六、星期日却比1月份少。"柏宁说。

图3-26　认识台历

我让他们把两份月历排放在一起，"你们看，1月份和3月份虽然都是31天，但1月份的第一天是从星期五排起的，按一周7天的顺序往下排，排成6行，星期六轮到5次，星期天也轮到5次。而3月份，第一天从星期二开始排，排成5行，星期六轮到4次，星期天也轮到4次。"

这是一个有关数字排列的问题，对孩子来说比较难发现，而且对日历的探索来说意义不大。因此，我通过直观的对比，把答案直接告诉了孩子们，再顺势将孩子们的注意力引向更有意义的探索。调查统计能直观地帮助幼儿理解年月日的关系。因此，我设计一个"日历的秘密"调查表，为帮助幼儿探索发现做了很好的铺垫，通过亲自调查得来的数字，让幼儿自己发现日历上年、月、日的秘密，这比教师通过一节集中活动教学更有说服力。教师基于幼儿直接经验上的总结提升，才能更为幼儿理解并牢记。

【故事感悟】

教师捕捉住这个教育契机，通过显性地参与、推进，以及隐性的环境、区角的创设，引导幼儿步步深入地探索日历的奥秘，将抽象却有意义的日历知识变成幼儿可看、可做、可玩的活动及游戏。从问题"1个月里有几个周末呀？""为什么每个月的周末天数不一样？"到最后愉快的找日期游戏，明显看到幼儿的自主探索和发现，看到幼儿经验的迁移。

（故事分享：厦门市同安区朝阳幼儿园 庄秋萍）

（此案例获得厦门市第四届业务园长游戏案例评比二等奖）

六、家长参与策略

家长资源是幼儿园活动的重要资源。家园合作，能为幼儿学习和探索提供相关经验、材料支持和适宜引导，助推深度学习。幼儿年龄小，身边需要多个成人陪伴成长。古代就有孟母为给孩子提供良好的学习环境而"三迁"住所的故事，可见家庭教育的重要性。

游戏课程化开展的关键是幼儿身边的成年人的幼儿观、游戏观和教育观的转变。我国自古就有"万般皆下品，唯有读书高"的说法，重学习、轻游戏和情感教育。家长是幼儿成长过程中重要的陪伴者，其理念的转变尤为重要。越来越多的实践证明，家园形成教育合力，建立良好的家园共育关系，引导家长主动担当起维护幼儿游戏权利的责任，创新活动视角和课程模式，将有效地推进幼儿园自主游戏的开展，促进幼儿学习和发展。

游戏是具有魅力的，会带来家园关系的变化。当教师解读了幼儿的游戏后，教师与家长沟通时不再是单纯沟通生活的问题，而是呈现了一个具有专业素养的教育者形象，与家长探讨幼儿的发展问题，分享幼儿在游戏中基于问题的探索过程。

例如，在种子培育的探索中，教师可以布置亲子任务，请家长与幼儿一起挑选一种植物种子，了解培育的知识，开展亲子培育活动。教师可以邀请熟悉种植的家长进班级为幼儿答疑，提供经验支持，帮幼儿解决问题。经过一段时间培育后，教师可以邀请家长一起参与种子培育展示会。幼儿将自己培育的小盆栽布置成展示会，大家一起观察、分享。

在该案例中，家长资源的利用形式多样：有家长助教丰富幼儿的经验，有家长提供材料支持，有家长的亲子陪伴与引导等，为学习的发生带来了无限可能性。

家长参与游戏课程的主要策略如下：

（一）理解

幼儿园可以通过召开家长会、家长讲座，帮助家长理解游戏的意义。幼儿园组织家长回忆童年的游戏，可以让家长进一步珍视游戏的价值，理解游戏中的学习，看见游戏中了不起的幼儿。教师可以向家长介绍课程的实施，适当向家长展示课程成果，让家长看见游戏中的学习，从而确定促进幼儿深度学习的共同目标。例如，在探究"光"的游戏中，教师与家长分享幼儿探究的过程、幼儿的实验记录等，便于家长理解幼儿经验发展的路径，发现并思考幼儿的学习行为，更好地支持幼儿发展。同时，家长能更好地理解教师工作，理解师幼关系，进一步认识深度学习的价值。

图 3-27　运动会

（二）拓展

课程的实施不应只局限于幼儿园中，应拓展到幼儿的家庭中，从而达到建构经验、迁移、应用的效果。例如，幼儿园可以开展关于水的探究活动，教师可以建议家长带幼儿在生活中寻找"不一样的水"，有的人在玻璃窗上发现一层密密麻麻的小水珠，有的人找到煮饭时锅盖上的水珠，有的人找到身体里的汗水、泪水，也有的人发现了潮湿地方的"隐形"的水等，从而将知识迁移至生活的真实情境中。家庭生活充满着幼儿学习探究的契机，课程实施的拓展部分能有效促进亲子互动，也能进一步加强家长的科学育儿意识，使家长充分理解幼儿园的课程实施，意识到自己也是课程的参与者，在不知不觉中创设更多利于幼儿深度学习的条件。

在课程开展前，家长应该帮助幼儿进行物质准备、丰富经验；也可以在课程开展后，帮助幼儿将活动中的技能技巧延伸到家庭中去，进行巩固和拓展。将课程活动延伸到家庭之中，能够使课程得到家长的全力配合，家长会对幼儿进行物质上和经验上的支持。

（三）参与

在一些活动中，只依靠班级的两位教师和一位保育员是无法顺利完成的，此时就需要邀请家长志愿者参与活动，协同完成。家长作为课程的参与者，以"家长助教""家长志愿者"或"家长进课堂"等方式进行活动。教师梳理家长资源，结合课程需要，邀请家长走进幼儿园，参与与课程相关的活动。同时，教师也可以在一些课程中邀请家长来帮忙，以便更好地开展活动。例如，在"爸爸的工作"主题中，教师可以邀请各行各业的爸爸们为幼儿讲述自己的工作经历和成长之路，在电力公司工作的爸爸可以展示自己深夜值班的视频、安装电器的爸爸可以提供自己在高楼外墙安装空调的危险照片、当法官的爸爸可以提供自己庭审的简短视频、当厨师的爸爸可以提供自己制作菜肴的照片……一个个亲切又伟岸的"爸爸"形象出现在幼儿的面前，使幼儿更加理解、爱戴自己的爸爸。在"民间艺术"活动中，教师可以邀请本地的漆线雕大师为幼儿介绍家乡非物质文化遗产，并现场制作漆线雕。在自然课程中，教师可以走进田间，邀请农民家长为幼儿介绍甘蔗种植知识。家长志愿者还可以和教师一起带领幼儿走出幼儿园，参观科技馆、农场等，带领幼儿"做饼干""包饺子"……

（四）激励

在幼儿完成了一个任务后，家长如果只是敷衍地口头表扬"真棒"，则不利于幼儿探究和分享的欲望。家长要有牵着蜗牛去散步的耐心，学会有效陪伴，如注意观察幼儿的操作活动，发现幼儿遇到困难或有需要时，及时提供材料支持或技术帮助；当幼儿完成任务时，家长需要肯定幼儿专注、努力的过程，发现幼儿的创造力，具体点评，助力幼儿的深度学习。

教师可以通过家长学校、家访等沟通方式，将激励评价策略传递给家长，引导家长转变思维方式，开展正面教育，共同促进幼儿全面、健康地成长。

除此之外，课程建构与实施过程中，还有以下几种常见的策略：

①访谈策略，如咨询饲养员关于动物养殖方法，连线交警、牙医、兽医咨询专业知识，还可以问爷爷奶奶、爸爸妈妈。

②文献策略，上网查阅资料、翻阅图书、问小度智能助手。

③观察策略，暗房子里的绿豆苗和房子外的绿豆苗哪个长得快？我们每天去自然观察角观察比较就能知道。

④问卷调查策略，小朋友上学方式的调查、倒影的大调查。

⑤实验策略，为什么孩子的充气玩具怎么打都满不了呢？同伴儿一起观察、分析、检查后，认为是打气的口子没封紧。有了经验，孩子重新打气，终于成功了。

⑥试验、比较策略：经过上次讨论，幼儿搜集了各种材料准备制作大轮船，哪种材料既能浮又能防水，小朋友先试一试、比一比。他们用浇水壶往材料上浇水，发现纸皮都软掉了，木头、泡沫板不怕被弄湿；接着，发现木头会沉到水里，泡沫板不会。

第四节　课程评价

《幼儿园教育指导纲要（试行）》提出：教育评价是了解教育的适宜性、有效性，调整和改进工作、促进每一位幼儿发展、提高教育质量的必要手段。

虞永平教授指出：课程评价是在对幼儿园课程的计划、活动过程以及结果等有关问题的量或质的记述基础上作出价值判断的过程。对幼儿园课程的评价是一个多主体共同参与、协作的过程，包括教师、幼儿家长和管理人员等，并且是过程性评价伴随整个教育历程以多种方法和形式展开的过程。

华爱华教授提出：教师要用发展的眼光看幼儿，要对幼儿的行为做出及时的分析、判断和回应，通过提出激发幼儿共同讨论的焦点问题，引发幼儿对原有经验的回顾、整理、提升，从而激发幼儿继续发展新的游戏情节。

自游戏课程化推广以来，生成课程成了主流。教师拥有了创生课程的权利，有很大的施展的空间。与此同时，却也暴露出教师对生成课程理解不够，专业素质参差不齐，影响了课程实施的质量等问题。于是，课程评价便显得意义重大。

评价者多渠道收集评价的信息，再通过全方位发现、诊断出幼儿园课程实施中的问题，并加以改进与完善，实现评价的发展性功能。课程评价是为了了解课程开展情况、幼儿的发展状况等，并采取相应的推进措施来促进幼儿的发展，在此基础上，审视教育是否适宜、有效，从而完善课程。评价的目的是改进学习活动。

评价中有学习，学习也有评价。教师观察幼儿的游戏行为，这是学习，也是评价行为。所以，评价与学习活动不可能泾渭分明地区分开。课程评价内容有的指向幼儿的学习品质发展、有的指向幼儿情感体验、有的指向幼儿情绪事件、有的指向幼儿能力发展、有的指向课程设置、有的指向教师专业素质、有的指向游戏环境……

当前，我国幼儿游戏的课程评价尚且处于初级阶段，幼儿课程评价主要存在问题：

幼儿园仅依据统一购买的幼儿发展手册向家长反馈幼儿发展；

根据幼儿的发展情况进行案例观察与评价只是流于形式；

以"考试"的模式开展测评活动，以"下定义"的语言总结幼儿的发展；

教师的评价表面化，忽略了幼儿的自主评价；

幼儿园缺乏对课程的整体性、过程性监管与评价。

围绕游戏课程评价，国内许多幼儿园开展过深入地研究。如上海市南西幼儿园对幼儿游戏能力的评价很有代表性。她们通过收集丰富的幼儿游戏行为案例，分析幼儿的游戏行为和情绪，经过梳理和分析后，最终归纳形成系列指标。提出教师应观察幼儿在游戏中的"六大行为"：即独立地玩、合作地玩、有规则地玩、坚持地玩、创造性地玩、愉悦地玩；浙师大附幼提出"五维式"课程评价体系，通过显性与隐性的无所不在的评价手段交织，形成有效机制。这些评价方式都很值得学习。

《3-6岁儿童学习与发展指南》《幼儿园保育教育评估指南》《福建省示范性幼儿园评估标准》、其他高质量幼儿园评价标准的内容，对我们的课程评价有很大的启示，也为高质量的评价提供了专业支持。但，任何一种外在的评价标准都不可能把各个幼儿园的具体情况都考虑进去，也不可能对处于不同发展阶段、不同特点幼儿园都适宜。因此，幼儿园还要结合自身特点、做好细化、转化工作，使评价更加贴切、全面、科学。

实践中，我们从幼儿、教师、课程质量三方面推进评价。

一、幼儿发展评价

游戏是幼儿最喜爱的活动，也是开展幼儿发展评价的重要手段。科学的、全纳的儿童观认为幼儿的发展具有个体差异性、兴趣的广泛性、文化背景的多元性等特点。因此，在进行课程评价的时候，教师也应尝试理解儿童的"一百种语言"。此外，幼儿尚处于向世界"打开自我"的阶段，因此，基于幼儿立场的课程评价应关注到幼儿是处于发展中的人，强调对幼儿多方位发展的全过程进行价值判断，并以促进幼儿生命的成长为价值追求。

教师要有计划、有目的地观察、分析、推进、评估，收集和积累幼儿的发展信息和课程的相关资源，了解幼儿的游戏状态、水平，以构建和形成更为适合的课程资源和策略。

1. 健全体系，全面评价

评价体系是评价的引领和基础。《指南》是一部最全面的评价指标。从《指南》出发，融入幼儿领域发展的核心经验，结合幼儿学习发展的真实状况，关注幼儿情绪能力和情感发展，坚持多元主体多方参与，多种方法综合运用，确立评价标准，使评价更加客观真实地反映幼儿的发展水平。

三个年龄班幼儿发展评价都可用下面的表格来制作。

领域	《指南》指标细化	9月	10月	11月	12月	1月	调整与推进策略
健康							
语言							
社会							
科学							
艺术							

幼儿园的评价全方位地渗透于幼儿游戏中，涵盖幼儿发展的方方面面，支持幼儿的学习与发展。幼儿发展评价的内容不仅是单一的知识与技能，还包括幼儿的情感、态度、价值观、社会性等方面的发展内容。教师可以依托生活活动、学习活动、游戏活动和运动等多种活动来评价幼儿的发展状况，避免片面。教师要善于运用多种评价方法，收集幼儿各领域的发展信息。如在建构游戏中，教师普遍关注的是建构技能或问题的探究。其实，幼儿在建构游戏中可获得的经验还有很多，除了建构技能，还有空间意识、想象与创造、问题解决、主动性、坚持性、计划性、社会性发展等。教师要看到游戏的多重价值，全面评价幼儿在游戏中的发展。

幼儿游戏评价内容概括如下：

评价内容	同伴交往	评价幼儿是否愿意与他人交往，与其他同伴相处过程如何等。
	规则遵守	评价幼儿在游戏中的安全意识、生活与学习习惯、生活常识、区域秩序等内容。
	认知与发展	评价幼儿的认知能力、探索能力、动作技能等方面。
	表现与创造	评价幼儿的表现力与创造能力。
	情感与态度	评价幼儿表现出的对游戏、其他幼儿、自己和玩具等的情感与态度。

以大班建构游戏为例，解析幼儿深度学习的评价标准。

大班建构游戏中幼儿深度学习评价标准

学习层次	层次名称	评价标准	评价
无学习	前结构	进入活动后，幼儿无表情、无语言、表现木讷、呆滞	
		有"我不会搭"或"我不喜欢搭"等消极行为或语言	
		东张西望或搭建相互没有关系的事物	
		动作缓慢，具有惰性	
浅层学习	单一结构	幼儿可以在给出搭建主题后进行建构	
		幼儿在建构过程中使用单一技能，如叠高、平铺单一结构	
		幼儿在建构过程中随意更换搭建主题	
		幼儿在搭建过程中遇到困难立即放弃	
	多点结构	幼儿可以使用两种以上的搭建技能	
		幼儿独立使用不同建构技能，做不到将建构技能结合使用多点结构	
		幼儿仅仅是拿来材料搭建，并没有形状、数量上的考虑	
		幼儿在搭建过程中一遇到问题就直接寻求帮助	
深层学习	关联结构	幼儿可以使用多种建构技能完成建构任务	
		幼儿可以基于建构主题有目的地选择材料的形状与数量	
		幼儿遇到困难尝试寻求解决办法	
		建构成果具有与现实相似的形状特征，幼儿可以根据日常经验详细说明成果的功能、特征等	
深度学习	抽象拓展结构	在给出建构主题前，幼儿已经有自己的建构想法	
		幼儿可以熟练组合使用不同建构技能，产生新的建构技能抽象拓展	
		幼儿在完成建构计划后根据观察、思考来完善建构成果	
		幼儿在遇到困难时始终坚持，不断重建、调整材料	
		搭建成果基本不是真实物体，具有一定特殊性，如"我这辆自行车会飞"	

记录表中可以通过幼儿是否出现某个层次的学习表现来进行统计，如出现一次记为1，出现两次记为2，从而判断幼儿在一日生活中表现出的思维层次。例如，在某班随机抽取样本幼儿，幼儿教师根据具体的评价标准，使用文字描述、拍照、录像等方式，对幼儿表现出的关键性学习结果进行记录，分析判断幼儿属于哪个层次的学习水平，并做好统计与分析。

（参考文献：李建萍.基于SOLO分类理论幼儿深度学习的评价研究——以大班集体构建活动[D].西宁：青海师范大学，2021）

2. 游戏情境，常态评价

《指南》提倡不能用同一根标尺来衡量所有的幼儿。没有固定衡量的标尺，教师如何来评价幼儿的发展呢？通过实践，我们发现游戏就是一个适宜的、真实的、能因人而异的评价手段。游戏是幼儿自主选择的活动，游戏中的行为能充分反映幼儿不同的经验，这就呈现出个体的水平差异。例如：搭积木时，有的幼儿简单拼搭一点就心满意足了，而有的幼儿则执着又精细地搭建复杂的建筑。显然，两个幼儿的建构水平存在明显的差异；角色游戏中，有的幼儿活动空间很有限，反复徘徊在厨房里，重复地煮饭喂娃娃；有的幼儿能开展"爸爸"带宝宝去看表演、"妈妈"去理发、到幼儿园接宝宝回家的游戏，做的每一件事都是经验呈现，都富有浓浓的生活味。这些幼儿的游戏过程也充分显示出幼儿之间的能力差异！

由于幼儿园课程的特殊性，评价适合融于具体的情境中。教师在常态化的游戏情景中收集信息，通过捕捉幼儿在游戏中的"声音"和最真实的、最直观的表现，有目的地提供专门的材料，设计相应的情景，考察幼儿在游戏情境与互动关系中的行为表现与体验，聚焦过程性质量评价。

游戏情境中，还适用非正式的评价。非正式评价方便操作，随时随地都渗透在每个人的言行中。通过积极正面的语言、点头、拥抱、握手、抚摸、比手势、竖大拇指等动作及表情传达出来，这些方式也是一种肯定或否定的导向，会影响受评价人表达的心情。教师、家长、幼儿都要优化使用非正式评价，它能帮助成人赋能幼儿，帮助幼儿认识自己，形成积极的自我认知。

3. 儿童视角，发展评价

很久以来，教师习惯把书上一条条的发展目标当成衡量幼儿学习能力和认知情况的尺子。期末，教师制定《幼儿评价表》来测试、对照幼儿的水平，在一个表格里，用眼花缭乱的"√"等符号来给幼儿的发展下定义。这样的评价方式属于结果性评价，枯燥死板又具有强烈主观意识，缺乏发展性。

···

教师随笔：以幼儿视角来评价

秋游活动，陈老师和幼儿一起参观了海底世界。回园后，陈老师和幼儿一起欣赏参观的照片，讨论海底动物的形态特征。幼儿仿佛再次回到各种形态的海洋生物群里。表演小鱼游、建构海洋馆等都出现在幼儿游戏中。最后，陈老师让幼儿做游戏记录。由于有了充分的感受体验，幼儿记录的海洋生物出乎意料的丰富：有的记录了弧线优美的中华白海豚，有的记录了大眼睛的鲨鱼，有的记录了五彩的鱼群，有的记录了海洋动物做着各种表演动作。幼儿记录好后，陈老师集中了幼儿，开始在幼儿面前一张张的讲评幼儿的作品："这只鲨鱼是新凡小朋友的，你们看，很整洁，没有记录得乱；这记录是林一馨小朋友的，记录很丰富，中华白海豚的身材弧形很美……"陈老师一张张评价，边评价边给记录好的作品上贴了小星星。这时，陈老师看到了小棋的记录——中华白海豚，只见中华白海豚的轮廓记录得很粗糙，虽体现中华白海豚的特点，但是变形的尾巴都脱离了中华白海豚的身体，使得画面看上去很乱，连蜡笔也涂到外面去。陈老师看了忍不住说："唉，这中华白海豚真不好看！这幅作品不能贴星星。"小棋坐在位置上翘着嘴巴，一脸不服气，还小声的嘟囔："我的中华白海豚在表演钻圈节目嘛！"

　　作品被贴上星的幼儿眼里流露出得意的神色，有的四处炫耀："我得了星星啦，你的难看，所以你没有星星！"没有得到星星的幼儿，脸上写满了渴望，多希望老师能"开恩"一下，也奖他一颗星星。幼儿的内心被小星星装满了，学习什么的早已都抛到九霄云外了。

　　上面的案例中，教师把成人的视知觉代替了幼儿的视知觉，用成人的艺术思维代替了幼儿的艺术思维，用成人的审美体验代替了幼儿的审美体验。我们应该要鼓励幼儿积极创造，不能只用"像不像""对不对"来评价幼儿的艺术表现与创作，而要强调评价的发展功能与内在的激励机制，即要让幼儿人人积极参与艺术学习，个个在原有的基础上获得不同程度的发展。鼓励幼儿自主的学习艺术，形成可持续发展的艺术学习能力与态度。大班幼儿正处于记录的图示期、形象期。图示期的幼儿开始真正地运用记录方法，有目的有意识地再现周围事物和表现自己的生活经验，在记录中有强烈的主观愿望。因此，教师在评价幼儿作品的时候应该考虑到这一年龄段幼儿的特点去评价幼儿的作品。案例中小棋记录的中华白海豚的尾巴看似断了，但有自己独特的想法，已经表现出自己的生活经验和主观愿望。教师却一再的否定他的作品，这种做法显然是不可取的。

　　　　　　　　　　　　　　　　（随笔提供：厦门市同安区朝阳幼儿园 庄秋萍）

　　教师要用发展性的眼光来看待、评价幼儿。因为幼儿是一个个动态成长的个体，有着不同的发展水平。幼儿课程评价的目的不是对幼儿划分等级，而是关注个体的纵向发展。即教师评价时应避免将不同的幼儿互相进行比较，而是应该将幼儿当前的行为与他以前的行为进行比较。例如，"玲玲，你今天搭的积木更加平衡了，比昨天的还要稳固"。基于对玲玲的早期观察，教师也可以这样回应："明天，你还想用其他什么方法堆积木，让它更平衡？"玲玲欣然接受了教师提出的挑战，继续着她的探索。教师要通过评价为幼儿创造各自的最近发展区，尽可能让每个幼儿都能获得更高层次的发展。

例如，教师在评价总结中这样写道：有3名幼儿在进行美术区域中时专注力差，自主操作性较差，学习品质不佳。这样的表述体现出教师对幼儿的评价只停留于是否达成此次游戏目标，而缺乏对幼儿行为的关注、描述与分析。教师应该避免使用给幼儿"贴标签""下定义"的表述，多关注幼儿的学习行为与表现，以发展的眼光细心观察幼儿。总结评价可以这样写：2名幼儿喜欢美工区的操作，积极使用绘画与剪贴画相结合的方式进行艺术装饰，装饰物上能呈现好看的花纹或形象；只有3名幼儿仍停留在简单的涂色、涂鸦阶段，还需要在接下来的游戏中继续观察，鼓励他们动手表现，启发他们对美的感受。

当老师改变观念，重新思考了衡量幼儿的标准后，更加尊重与支持幼儿个体的需要、兴趣、权利。在此基础上，强大的动机使幼儿积极主动，幼儿的学习内驱力也就产生了，强烈的内驱力不断升华，形成积极的注意力、创造力、思维力。

4. 幼儿自评，同伴互评

张俊教授提出：人人都自评是让是评估者，时时处处有评估。呵护幼儿的"评价权"是对幼儿发展的尊重。幼儿在评价自己、同伴、教师的过程中会持续深入自己的学习。为了避免单一的评价方式，教师应采用了多种方式评价。自评式、互评式、小组推优式、评价表等方式交替使用。

· 自评。教师引导幼儿对作品进行自评。自评的过程是将游戏体验进行回顾，记录下自己经历过的事情和感受，并表达自己的想法，真实生动地评估自己的状态，有助于形成积极的自我认知。可以说，自评是幼儿对自己意图重新梳理与反思的过程。

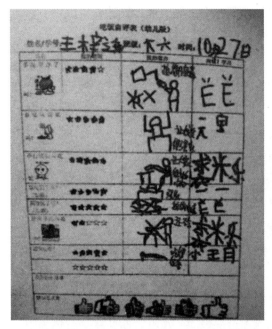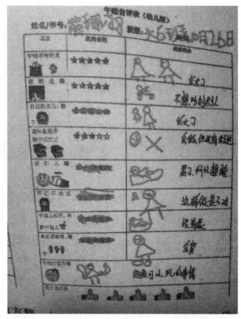

以户外游戏为例。幼儿可以评价自己的运动能力、运动中的创造性、运动中的挑战性等。幼儿虽然对自己的运动看得见，很容易判断自己的行为。但幼儿自我感觉"酸了""累了""还想再玩""不想玩"等，存在局限性，并且不够准确。教师在使用时，要结合其他方法进行补充。教师可以设置一些参照，帮助幼儿自我评价。参照距离、时间、次数、重量等，也可以让幼儿谈谈运动中的情绪状态、成功感以及遵守规则等方面。像立定跳远游戏"小青蛙跳荷叶"中，教师在地上标注了一些荷叶表示距离，幼儿通过跳荷叶，估计自己能跳多远；搬运材料游戏，起初，幼儿一次运一箱，过一段后能运两箱，通过数量增多评价自己运动能力的进步；幼儿可以在完成一个运动项目后，给自己戴一个手圈，表示已完成该项运动指标；大班幼儿可用简单的图示记录表示自己完成某项评价指标的情况。这种自评式的评价方法能让他们看到自己的运动成果，从成果中感受自己的进步，激发运动的成就感与满足感。

·互评。不同的人对作品会有不同的视角，会对同一作品做出不同见解而产生不同的评价。同伴是幼儿的学习共同体，同伴间评价能让幼儿了解同伴行为，学习理性地看待同伴行为，建立客观评价的意识。同伴互评能增进幼儿的观察与判断，促进同伴间的互相了解与相互学习，帮助幼儿从全新的角度认识自己，取长补短，有效提高水平。"同伴认可"也引导幼儿思考对自我和他人评价标准的一致性，培养幼儿初步的思辨意识和能力。幼儿在这个过程中的任何有价值的想法，都是他们进行再创造的灵感之源。

值得注意的是，在互评的过程中，幼儿容易受同伴亲疏关系、外在形态等影响，无法科学评价。如我和东东关系好，就评价东东什么都好。那这样的评价就没有什么意义了。在此过程中，教师的参与和引导极其重要。

同伴间的评价内容丰富，如评价同伴是否遵守规则，评价同伴的运动表现，评价同伴创新探索能力等。教师创造轻松的评价氛围，鼓励幼儿互相评价。例如：幼儿在户外自主性体育游戏中，运用轮胎、竹梯、积木等材料创设运动场景，自主开展运动。运动后，教师组织全体幼儿玩同伴创设的运动场景。玩过后，幼儿一起评价同伴创设的场景是否适宜，是否有挑战性，一起探索多种玩法和运动线路，交流各自的身体运动方式。幼儿通过说说、玩玩与大家分享运动中有趣的事、开心的事，谈论运动中谁能遵守规则，谁能团结协商一起运动，谁能动脑筋想办法等。评价活动中，幼儿充分表达自己的情感，表达对同伴的运动过程、运动中的身体活动方式的看法，分享自己的喜悦与困惑。有来自同伴的肯定，幼儿产生满满的成就感。这样的评价基于幼儿真实的运动感受，更具有实效性。

再如，玲玲在收玩具时没能分类收放整齐，教师静静观察，并将收玩具的过程用手机拍摄下来。分享交流时，教师播放该视频给全班幼儿观看。幼儿在观看过程中，有窃笑、有评论、有反思。来自同伴的看法与评价，充分发挥了幼儿的能动性。这一做法使教师放手并退后，将评价主体调整为幼儿自身与同伴。

5. 观察分析，教师评价

没有观察分析就没有评价权。在一日活动中，教师读懂幼儿，注重个体差异，对现场的人与人、人与物、互动状态、幼儿自评表等开展多种途径观察，利用照片、视频、便签条随时随地地将幼儿的行为、语言记录下来，采集信息，尽可能保持客观地描述幼儿学习经过。通过"观察、思考、引导"三个角度分析幼儿在游戏中发生的故事，参考《指南》等评价指标，多角度地了解幼儿的想法、行为、能力，了解每个幼儿的特点。分析的基础上作出相对应的评价，给予幼儿引导和支持，为后续的助推方案提供了很好的依据和素材。

举个例子，在户外运动中，幼儿的"力量、协调性、柔韧性、灵敏性、平衡力"等身体素质指标无法具体的量化评价，只能依靠教师追踪观察进行评价。像评价幼儿平衡力发展情况时，教师要有目的地选择体现平衡力的运动项目——梅花桩、平衡木、荡桥、单脚跳等。通过日常观察，利用录像、拍照等方式搜集信息材料，再整理分析搜集的信息材料，设计平衡力评价量表，汇总搜集的信息，进而客观地评价幼儿的平衡力发展情况。经过教师客观全面的观察平衡力发展情况，发现平衡力弱的幼儿。有了评价结果后，教师就有目的地对其进行干预，日常多引导平衡能力弱的幼儿参与平衡练习，逐步提高这些幼儿的平衡力。此后的一段时间，教师观察——评价——指导，如此循环反复，使过程性评价与结果性评价相得益彰，观察评价与指导推进相融合，真正让评价落到实处。

教师回顾观察记录的内容时，要对需要与哪些幼儿互动、需要对哪些幼儿进行评论以及最好不要打扰哪些幼儿有一个清晰的了解。如平日都游离于游戏之外的害羞的小龙，今天第一次和同伴一起玩太空沙。此时，教师如果大肆宣扬、评论，就可能将小龙的注意力转移，或者使小龙害羞。这并不明智。因此，评价方式的选择也是十分讲究的。

···

教师随笔：杂乱的线条

在一次巡班过程中，我发现大二班正在开展种植角的观察记录。文文小朋友画了架子上的西红柿，圆圆的红红的，又生动又漂亮。陈老师看见了，走过去摸摸他的头，向他露出了赞许的笑容。可是，令人意想不到的是在集体分享评价时，陈老师发现文文原本生动的画面上，已经画满了黑黑的、杂乱无章的线条。陈老师不高兴了，把作品贴到黑板上说："小朋友看看，这张画美吗？这样乱七八糟的画是不好的。"内向的文文被说得难过地低下了头。过后，我走到文文身边问："原来你的蔬菜画得很漂亮，为什么又在上面画了黑黑的线呢？"文文委屈地说："那是突然下起了大雨，西红柿在喝水……"多生动的故事、多可爱的想象呀！原来，我们错怪了文文。于是，我对文文说："如果你把记录的故事讲给老师听、讲给小朋友听，老师和小朋友就不会误会你了。"事后，我与陈老师作了沟通，陈老师了解后向文文道了歉。从此，我们在进行评价时，不再是老师简单评说谁画得好、谁画得不好，而是细心观察倾听和发现小朋友的想法，用接纳、赞赏的态度进行评价，从而保护幼儿游戏与创作的热情，让每个幼儿都能体验成功的喜悦，产生积极、愉快的情绪，树立自信心。

（随笔分享：厦门市同安朝阳幼儿园 庄秋萍）

···

游戏中，幼儿还会表现出非常多的作品，如建构区的建构作品、美工制作作品、语言作品、行为作品、交往作品等，这些都是非常珍贵的"原材料"，是幼儿的多元表达。通过幼儿作品可以清晰的看到幼儿的发展。

教师要仔细分析，从认知发展、经验获得、思维递进、情绪情感等方面入手，解读出作品背后的意义，更好地理解幼儿的动机。如幼儿建构一只"大狮子"，他们先用积木建构狮子的基本外型，接着幼儿讨论：狮子的尾巴怎么做呢？他们到美工区找了一根麻绳，绑在积木上当成了尾巴。可以看到，幼儿根据自己游戏的需要，使用了一些与建构无关的材料。这时，教师如果仅凭这一行为，就认定幼儿的建构水平低，也是不够科学的。可以看到，幼儿调动已有经验来制作尾巴，是一种多元的表达，幼儿能积极动手动脑，就是一个有深度的学习。这样的评价解析结果为推进后续活动提供了依据，为游戏展现更加无限的可能。

....

例1：幼儿深度学习观察记录表

观察对象：	观察时间：	学习材料：
发生了什么？		
学习了什么？（学习技能、学习品质）		

例2：幼儿深度学习评价表

	内容	评价等级
生活教养	懂得为他人做有意义的事	
	能辨别是非，向榜样学习	
	用恰当的方式与他人交往	
	能保护自然及周围环境	
	有良好的卫生意识	
	在紧急情况下能进行自我保护和应变能力	
游戏状态	积极主动选择活动材料	
	在游戏区域均衡地选择工作	
	能够专心操作材料	
	能够独立地工作	
	能建设性运用时间	
	有困难时会表达自己的感受	
	能有始有终地完成操作	
	探索有一定难度、具有挑战性的工作	
	能较好地完成操作	
学习活动	乐意积极主动参与活动	
	通过多种渠道收集游戏相关资料	
	展示收集资料水平和能力	
	主动和他人交流、互动、合作	
	能与同伴分享自己的感受	
	能自主运用环境中的资源	
	尊重他人的观点和经验	
	欣赏他人的优点和长处	
	具有同情心，接纳他人不同的习惯	
	能运用已有经验，探索和解决问题	

优秀：√ 中等：○ 待加强：△

例3：幼儿园自主游戏教师观察记录表

年段：中班　观察区间：户外　教师姓名：庄秋萍　日期：2020年6月2日

观察（玩什么、怎么玩）	思考（思考、评价、建议）	引导（语言、行为、材料）
1. 教师将投掷架抬高，吸引了不少幼儿前来挑战，他们尝试从内到外、从外到内等角度，用扔、抛、投等方式对准挖空的图形进行操作。最有耐心、最积极探究的是女孩李莉。 2. 妞妞一直用游戏盘玩各种游戏：一会儿投远，一会儿投高，扔飞盘，将飞盘滚着玩，跑进跑出，玩得满头大汗。 3. 小超打了很多洞，出来试飞了。他一直觉得自己一定能让飞盘飞得更高，妞妞也被吸引过去了，他们一起尝试，想让飞盘飞得跟国旗一样高，用了很多蛮力，方法不对，总是飞不高。我也加入了他们，结果我将飞盘扔到了树杈上，看得见，够不到，大家都很着急。我想这是一个契机，借此观察幼儿怎么想，怎么做。他们想出了一些解决办法，如用杆子打下来，往上抛飞盘砸下来等，我们采取了第二种方法。难度非常大，幼儿用了很多力气，还是够不到，最后我把飞盘打下来了，他们非常高兴！本想把这任务交给幼儿，让他们解决问题，没有达到预期。	1. 一直坚持尝试投掷的李莉小朋友在全班分享时说，用最小的游戏盘容易投进去。我没想到她在探究时有分析、有概括、有深度思考，让我感到惊喜。 2. 幼儿开始只是简单地重复，探究没有深度。经过互动，幼儿有了积极、深入的探究，在体验中得出"小的飞得远"这一结论。中班幼儿的逻辑思维出现萌芽。妞妞自己还没有能力独立进行探究活动，需要教师布置一点任务，使他们在活动时更有目标意识。 3. 事后，我反思自己是不是有点着急，应该让他们多尝试，再想办法。如果遇到幼儿不能解决的问题，即超越了他们的能力边界，如何化解？有时很难把握分寸。我还需要继续观察，才能很好地把握幼儿的最近发展区。	1. 我用自己的热情感染了她，和她比赛，统计投入的数量，增加投掷的趣味。接下来可以投放一些统计表，记录投入个数，统计投入哪个形状容易积分等方法，鼓励幼儿愿意用更长时间进行探究。 2. 我提供了不同形状、内洞大小不一的游戏盘，跟妞妞讨论：不一样的飞盘，哪个飞得远？妞妞有兴趣了，很认真地一一尝试，并对照地上标尺进行比较。尝试后她自己得出结论：小的飞盘投得更远。 3. 采用伙伴关系介入，幼儿一起游戏、一起探究、一起讨论，探究过程更有意义，探究热情更高，也促进了幼儿的深度学习发展。在活动中我观察到幼儿有竞赛意识，但规则不明确。在评价中，我看到幼儿关注飞盘运动的轨迹，他们会用螺旋线或箭头做标识。这些都为后续的课程内容提供了很好的依据和素材。

经验总结：户外自主性体育游戏中幼儿运动智能评价

　　户外自主性体育游戏中，教师对幼儿进行的观察评价，主要从体育的学科特点入手，主要是针对运动目标、动作技能、身体素质等方面进行取样评价。如：有对幼儿运动中动作姿势的观察评价，有对幼儿操作运动器械能力的观察评价，有针对幼儿身体素质的检测评价等。

　　教师选择客观有效、切实可行的指标制成量表，运用准确、简便易行的测量手段，采取科学的测试方法对幼儿的运动智能进行测量。通过测定可以获得和掌握准确可靠的、能够反映出幼儿运动智能的原始数据，使复杂的概念变得具体化和数据化。我们根据霍华德.加德纳教授的理论和自己的教育经验加以调整，通过实践，设计出一套科学合理的幼儿运动智能评价量表。这些评价表是根据实际需要创制出来的，充满了教师的理性和智慧。看似简单的表格，内藏难度系数，评价的目的是观察幼儿发展的实际情况和个性化表现。根据幼儿身心发展特点，有理有据地对每个幼儿进行分析，总结幼儿运动成效，有针对性地开展游戏。例如：

1. 巧用生理测定量表

这是判断运动量最为准确的检查方法。它包括测定心率、血压、出汗、呼吸等生理生化指标。该量表真实反映幼儿参与体格锻炼情况，但是，该测试需要使用专用的设备和仪器，局限性较强。近年来，部分经济宽裕的幼儿园，采用运动手环来监测幼儿运动变化，效果非常好，却因为成本比较高，推广范围还不够广，但相信这在未来将是一个评价新趋势。

表1：幼儿运动生理测定量表

班级：	幼儿：	日期：		观察员：	
幼儿活动前	呼吸	心率	出汗情况	身体状况	其他
幼儿活动后	呼吸	心率	出汗情况	身体状况	其他
分析与评价					
干预措施					

从该量表得到的真实反应幼儿情况的数据，分析幼儿是否疲劳；是否可以再坚持挑战一下；是否应该休息，终止运动等。用评价的信息来指导户外自主性体育游戏的安排。

2. 动作姿势的观察记录

运动智能的表现是一个动态的过程，是幼儿通过肢体表现的一种智能，通常情况下需要教师借助观察记录来完成。动作姿势标准与否直接关系到运动的质量，教师根据《指南》，针对不同年龄段幼儿的基本动作要点对幼儿的动作进行观察评价。采用运动智能观察记录量表，可清楚看到幼儿身体运动智能的发展特征，也可获得全体幼儿的身体运动能力的总体发展水平，并对运动过程中反应出来的信息给予幼儿相应的指导。但是，该评价方法观察记录工作量大，适合小组进行。

以对幼儿跳绳动作姿势的评价为例。教师利用《幼儿跳绳动作姿势检核表》，评价幼儿跳绳中的动作姿势。如果是全班绝大部分的幼儿都不能掌握跳绳的动作要领，教师可开展集体的教学活动，解决群体幼儿的共性问题；如果只是少部分的幼儿没有掌握跳绳的动作要领，就开展小组教学；如果是个别幼儿不能掌握，就采用个别化的教学。评价幼儿的动作姿势，可以在户外自主性体育游戏时进行，主要了解幼儿原有经验，有哪些不规范的动作姿势，教师有的放矢地对幼儿的动作姿势进行纠正。例：

表2：幼儿跳绳动作姿势检核表

班级：	日期：	观察员：	
参加体格锻炼人数：			
体格锻炼项目名称：			
锻炼目标			人数
喜欢程度	非常喜欢		
	喜欢		
	不喜欢		
动作姿势	甩绳和跳同时进行		
	甩绳到前面停下再跳		
	连续甩绳跳		
	手很高甩绳		
	手臂向旁边伸得很直的跳		
	脚往后踢		
	脚抬太高		
	全脚掌着地		
	半蹲着跳		
分析与评价			
干预措施			

3. 运动目标达成的观察评价

教师针对运动的目标有针对性地观察评价。如：大班幼儿平衡的重点目标是能在斜坡、荡桥和有一定间隔的物体上较平稳的行走。教师组织玩梅花桩、踩高跷、过竹梯、跳格子、蒙眼走路等体育游戏，发展幼儿平衡能力。教师观察幼儿是否愿意参与平衡区中的运动，怎样战胜困难，是否能坚持到底等。再如：民间游戏"抬花轿"主要培养的是幼儿合作运动的能力，教师需要重点观察幼儿运动中是否能和同伴动作协调默契，是否能与同伴友好协商等。

表3：平衡区运动目标观察评价量表

日期：					
姓名	愿意参加	是否使用辅助物	平衡能力（平稳或摇晃）	战胜困难的方法	创新

4．运动器械使用情况的观察评价

以教师对幼儿操作器械的观察评价为例，教师观察幼儿对器械的操作能力，使用器械的动作姿势和操作器械的运动智慧。在"过竹梯"游戏中，教师通过了解全班幼儿参与活动的次数，就能评价幼儿参与"过竹梯"的兴趣；通过观察幼儿"过竹梯"的情绪状况，就能评价该游戏的趣味性；通过观察幼儿的动作姿势，就能评价幼儿的运动发展水平；通过观察幼儿使用辅助物的情况，就能评价幼儿的运动能力；通过观察幼儿的运动后表现，就能评价运动强度等。这样的评价将成为教师设置运动游戏内容、选择课程实施渠道的依据。幼儿的运动智能评价结果本身并没有什么意义，只有加以分析、比较和评价之后才具有实际的意义和价值。

5．个别化观察评价

幼儿发展具有个体差异，有的在身体控制方面特别协调，有的在动作方面比较弱，有的在表现力方面有显著的优势……对个别幼儿的观察评价，教师要了解个别幼儿的运动兴趣、运动能力、运动中遵守规则的情况，运动中的合作意识等。教师观察的对象因每个幼儿发展需求而定，如：青青小朋友在户外自主体育游戏中频繁更换运动项目，教师连续观察数日，统计几天来青青参与了哪些运动项目，哪些项目玩的次数多，哪些项目玩的次数少或不参与，哪些运动项目玩的时间久，哪些运动项目玩的时间短等。然后，再分析青青喜欢参与某些运动项目的原因：是游戏性强吸引他，还是有喜欢的同伴一起玩；是运动具有探索性，能让他发现多种身体活动方式，使他获得探索发现的满足感与成功感，还是运动内容处于他最近的运动发展区，能挑战他的运动能力等。教师从青青喜欢的运动项目中找原因，分析青青的运动兴趣、运动能力，在后期的活动中有针对性地指导青青开展运动。

个别化的评价，能帮助教师随时了解幼儿运动的动态，针对运动现场灵活采取措施，支持幼儿有效运动。

（案例提供：厦门市同安区朝阳幼儿园 庄秋萍）

高质量的游戏离不开多方位的评价。评价幼儿的学习，要以欣赏的眼光注视，保持幼儿学习热情，张扬他们的个性，挖掘他们的潜能，呵护他们的智慧之花，让他们在快乐与成功的感受中学会学习，发现自己的能力和才干，终身受益。

二、教师发展评价

游戏课程化对教师的专业水平提出了相当高的要求，比如教师要具有课程开发能力、配班教师之间协调能力、和家长和社区的合作能力、分析解读幼儿行为的能力、支持游戏与推进课程的能力、对课程的评价能力。教师的专业能力也是教师的游戏素养。这个游戏素养不仅影响幼儿的游戏态度和游戏取向，而且影响了师幼关系的融洽程度。教师要坚信幼儿是有自信、有能力的学习者，从游戏内容、形式、教师鹰架支持上都努力改进并完善，以更好的促进幼儿的学习与发展。

可以说，课程实施的过程是教师反思性实践的过程，也是教师专业成长的过程。

1. 扎实教研，课程评价

教研活动是推动课程质量提升的重要手段。常见的有实效的教研形式有：

领衔式教研——从上至下引领

蹲点式教研——面对面指导

案例式教研——同伴共研

教研组根据教师的课程质量反馈情况，寻找教师的真问题，根据教师的课程实施路径，开展教师所需要的教研活动，制定重点研究内容，分析既有的活动经验，分析课程资源与价值，确定课程实施路径，进行思考、探讨，再通过培训、研讨等形式组织教师研修、学习、实施。教研活动看起来和评价不一样，但也包含了集体意见、反思、总结经验的过程，也具有评价的功能。如常见的教师之间的观摩学习与评课，也是教师基于特定的标准开展的相互评价。

幼儿园　　班级教研记录表
年　月　日

参加人员		
本周情况回顾		解决思路
本周幼儿的兴趣点		支持途径与方法
其他活动		具体做法

诊断式教研记录：发现幼儿游戏中的关键问题（节选）

教研过程：

1. 教师们观看了陈老师分享的孩子"搭高楼"游戏视频。

2. 教师对游戏"失败"的原因展开讨论。

张老师：孩子们用两根圆柱体积木当底座、长方体积木当柱子，然后把长方体积木一层一层往上叠来搭高楼。过程中，同伴合作不断增加了建筑物高度，但建筑物很不平稳，所以导致高楼一次次倒塌。

杨老师：游戏中，孩子们共经历了 6 次楼房的倒塌，内心产生失败感，就渐渐地放弃了搭建。我们看到的游戏就是以"失败"告终。

方老师：当孩子因"失败"而感到沮丧时，老师如果能及时给予鼓励和支持，或许就有不同的结果。

小结：几位教师从多方面、多角度进行分析与诊断，让陈老师发现导致游戏失败的原因：一是幼儿能力水平不够，经验储备不足、情绪体验不佳；二是教师支持的缺失。

教研后序：

通过问题诊断的教研活动，教师学会发现自己的游戏指导问题，积极调整策略。陈老师一方面阅读有关"幼儿建构游戏"的各类书籍，深入了解不同年龄段幼儿建构游戏能力的发展水平，提高自身专业素质，期望能科学、准确地解读幼儿的游戏行为和问题；其二，主动参与幼儿的游戏，深入地观察、分析解读幼儿游戏中的材料使用、情绪状态、学习品质，尝试给予科学、有效的指导，推动幼儿的游戏与学习。

（案例提供：厦门市同安区朝阳幼儿园 庄秋萍）

教研主题：你组织的游戏自主吗？

教研过程：

1. 主持人提出问题

每天，老师们都在开展自主游戏，各班也都开展了园级的游戏观摩活动。请老师反思：你组织的游戏真正自主吗？

2，教师交流与分享

张慧君：我觉得我组织的游戏是自主的，幼儿建构出作品的都是不一样的。我通过他们已有的游乐场经验，一步步的推进。孩子的经验各不相同。对这方面比较没有经验的小朋友，我会进行近距离的指导，一起说一说见过的游乐设施。其他的小朋友自主建构，更多的是同伴之间的互相学习。老师只是在旁边辅助，如少什么材料，老师观察后提供辅助材料。

卢雅玲：最近，我们班的角色游戏开展了甜品屋和娃娃家等。在开始游戏前我让幼儿根据已有经验去收集各种角色游戏的材料。在游戏过程中，引导幼儿自主选择同伴进行游戏，物品的摆放也是让幼儿自主选择位置。

主持人：这两个游戏内容是幼儿自主选择的吗？每次他们都愿意玩吗？

主持人：我们分开说吧！先说说游戏内容的选择自主吗？

材料的选择自主吗？幼儿看到的想要的材料都能玩吗？看到幼儿跨区拿材料，你是怎么处理的？

同伴选择自主吗？

空间的选择自主吗？今天的甜品屋可以换个场地开吗？

教师的指导打扰幼儿了吗？

3. 主持人再次提出概念：自主游戏

自主游戏即幼儿在一定的游戏环境中根据自己的兴趣和需要，以快乐和满足为目的，自由选择、自主开展、自发交流的积极主动的活动过程，这一过程也是幼儿兴趣需要得到满足，天性自由表现，积极性、主动性、创造性充分发挥和人格建构的过程。

思考：这样的游戏你能做到吗？困难在哪里？

4. 教师在游戏中的作用是什么？

主持人：游戏时间，教师要做什么？我们巡班会看到有的教师趁着幼儿游戏，坐下来休息，或喝个茶、赶着写材料；有的教师忙着指导幼儿游戏，忙碌极了。这样对吗？

小结：关于教师在游戏中的作用与介入游戏的方式，请老师们回去思考并收集材料，我们下周再一起研讨。

5. 总结

教师在组织开展游戏时，经常依据自身的认识、经验和教育目标去选择游戏主题、创设游戏环境和组织游戏活动过程。这是基于成人视角的游戏活动，一般难以调动幼儿的参与兴趣，侵害幼儿的游戏权利，是"游戏儿童"，是教师理解的游戏。这和基于儿童经验的游戏有着显著的差异。如何开展基于幼儿视角的真游戏，值得我们继续思考。

（案例提供：厦门市同安区朝阳幼儿园 庄秋萍）

....

2. 借助计划，保持反思

教师要做好班级的保教工作计划，包含学期计划、月计划、周计划、日计划。这样使课程在开展的过程中能实时"回头看"，不忘初心的对照工作目标来判断幼儿的当下发展水平，思考下一步的工作方向，调整教育手段。

厦门市同安区朝阳幼儿园大六班第十周计划表

班级教师：张老师 陈老师 黄老师　　　　时间：2022 年 10 月 31 日—11 月 4 日

体育 活动		早　操：能够根据音乐节奏做出正确的动作 体育游戏：★过小河、★快跑拍球、快乐的木头人、玩长凳、黄鼠狼抓鸡 自选活动：沙包、足球、滚轮胎、滑滑梯、自行车
学习 活动	集中 活动	主题：厉害了，我的国 主题活动：民族是个大家庭 数学活动： 10 以内数的分解 科学活动：地下管道 主题活动：京剧与脸谱 语言活动：生气的亚瑟（绘本）
	区 域 活 动	益智区： 1.提供中国地图拼图，引导幼儿认识各省的形状； 2.提供多米诺，引导幼儿创意摆放图案后推到； 3.提供七巧板，引导幼儿自由拼图。 科学区： 1.提供量杯、记录表等，让幼儿探索量的守恒； 2.提供垫板、水等材料，引导幼儿探索旋转的乒乓球； 3.提供磁铁，引导幼儿探索小车和磁铁的秘密。 美工区： 1.提供扇子、纸盘等，引导幼儿进行青花瓷的创作； 2.提供纸盘，橡皮泥，引导幼儿进行创作《漆线雕》； 3.提供各种颜料、吸管、蛋壳等，进行拓印或创意黏贴。 语言区： 1.提供假期出去玩的照片，讲述介绍自己的经历； 2.提供透明胶、订书机等，让幼儿进行书本修补； 3.提供各种绘本、儿童读物等，自由阅读与讲述。 结构区： 提供易拉罐、纸管、各种积塑，搭建"我们的幼儿园"或意愿搭建。 数学区： 1.提供各种统计表、笔，供幼儿进行统计； 2.提供关于单双数的卡片，供幼儿创造游戏； 3.提供数字杯子，学习顺数和倒数。 角色区：提供快递员的服装、道具等，供幼儿进行角色游戏。
游戏活动 或 其他活动		做做玩玩：好玩的小水车 表演游戏：金鸡冠的公鸡（一）、小熊请客、三只蝴蝶、西游记等 角色游戏： 咚咚快递员（一）、娃娃家、小吃店、医院等 建构游戏：我们的幼儿园（一）
生活 活动		1.安全教育：火柴棍，不能玩，电插座，有危险。煤气不能随便开。 2.会正确使用卫生纸巾等用品，养成良好的卫生习惯。
环境 创设		1.逐步展示师幼共同收集的有关"厉害了我的国"等图片、照片。 2.展示幼儿收集的各种脸谱。
家园 共育		1.请您配合做好幼儿的个人仪表卫生。 2.与幼儿一起收集与主题有关的相关材料，包括书籍、图片、实物等。 3.请家长利用周末时间带幼儿一起收集沙水区需要的材料。

3.发现需求，有效审思

基于幼儿的视角，发现幼儿在学习与游戏中的发展与需求，对课程内容进行重新架构并实施。这个过程既要发现幼儿的原有经验与兴趣，发现新的课程生长点，对课程进行价值分析，对目标、内容等进行深入的审思。

例1：幼儿园游戏课程生长点的思考

年龄段： 观察内容： 记录者： 记录时间：

看见了什么？	包括以下生长点： 健康： 语言： 社会： 科学： 艺术： 情绪情感：

例2：幼儿游戏与学习评价表

评估对象：		评估时间：	学习材料：
评估 方面	具体指标	评估结果 A：是/能 B：否/不能	备注（用文字进行详细 描述）
游戏 空间	1.游戏空间的安排是否合适 2.能否促进幼儿游戏互动		
游戏 材料	1.投放数量是否适宜、种类是否丰富 2.是否符合幼儿的年龄特点与实际水平 3.能否引起幼儿的兴趣		
游戏 经验	1.幼儿是否具备游戏主题的相关经验 2.幼儿能否利用已有经验解决游戏中的 冲突与矛盾		
同伴 交往	1.幼儿能否主动和其他幼儿一起玩 2.幼儿能否用自己的想法影响游戏，把 别人的想法纳入游戏中		

4.分层评价，认识自我

工作中，幼儿园将不同教师群体进行分类，形成若干共同体，如新教师、骨干教师和专家型教师等，制订分层的教师评价指标体系。分层评价可使每个教师找到自身定位，明确个人今后努力的目标和方向，有的放矢地促进自身专业发展和能力提升。比如，新教师要把重点放在努力提升个人的教育教学能力，骨干教师主要是打造自身的教学特色等。分层评价有利于促进教师相互学习、相互理解和共同发展。

认识自我，自我评价也是教师发展评价的重要方法。能促进教师反思、反省工作情况，提升工作的主动性与积极性。教师的自我评价可以从两个方面来实现：

·教师教育随笔。教育随笔是教师对课程实施中一些事件的反思与感悟，渗透了教师的真实想法。因此，我们鼓励教师对课程实践中的精彩片段进行梳理，反思形成自己对园本课程的认识和理解。

教师成长档案袋。教师将个人发展规划、平时撰写的心得体会、观察记录、课程故事、课题研究材料、获奖证书等装进成长档案袋中，成长档案袋体现教师成长的轨迹。

三、课程质量评价

评价幼儿园课程，就是评价课程的质量。幼儿园课程评价从课程的几大要素入手收集相关信息，进行价值判断。课程评价是以课程目标为依据，管理监控课程内容和实施过程，从课程的实效性作出判断，开展评价，以帮助幼儿园不断完善课程方案与实施过程。其主要目的是诊断、修正课程，探究课程是否符合教育目的和幼儿发展的要求等，确保课程实施的成效。

1. 聚焦课程审议，评价课程质量

实践中，主要通过课程前、课程中、课程后的审议，评价课程质量。

课程前审议评价。学期初，幼儿园组织了多个层面的课程审议活动，如年级组审议、全园教师审议。通过对课程目标、资源利用、内容选择、价值取向等的审议，初步确定班级的课程主题，进一步明晰课程走向，并将其纳入学期教学计划之中。课程目标引领课程发展的方向。通过审议，在《指南》教育目标与幼儿兴趣之间找到契合点，实现双方面的共赢；审议课程发展线索，使课程思路进一步明晰，形成课程的展开线索及网络结构，以幼儿已有经验为切入点，寻觅相关资源。结合幼儿发展的实际，从幼儿的兴趣和需要出发，关注不同领域的关键经验，有针对性的确定课程内容。

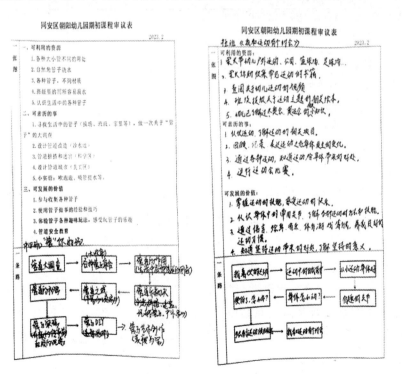

·课程中审议评价。课程实施中，随时可能再生发出新话题，可能出现新情况。教师通过课程中审议评价，整理观察记录，收集幼儿作品、照片等材料。梳理幼儿课程中的经验、兴趣，适时反思课程目标，重构课程推进内容，补充资源，调整课程走向，使课程更符合幼儿发展特点。教师教育行为的调整是评价课程实施过程的有效回应。

·课程后审议评价。在课程实施后期，教师开展终期评价，对课程效果进行评价。教师整理并呈现幼儿的表现实例、教师的观察记录、课程小结、各类行动方案。教研组总结活动经验，审议目标的达成情况，判断幼儿发展水平，确定下一阶段的课程走向；邀请专家来园参观及听取课程故事，就课程实施中的教师推进策略、课程方案、内容、实施及实效性开展诊断式评价。

通过课程审议，形成了一支合作互助、资源共享的研究团队。同时，加深了教师对课程的理解与认同，提升了教师的课程意识和整体建构课程的能力，并随着教师对幼儿的观察分析，动态调整课程内容，逐步提升专业能力。

例1：幼儿园课程审议表

一张图	可利用的资源： 可亲历的事： 可发展的价值：
一条路	
一份学案	幼儿在哪里做事： 用什么材料： 做什么事： 如何做事： 教师支持： 如何支持：
一个发现	反思：
一类主张	专业成长：

（参考杭州市西湖区教研员沈颖洁老师的 5 个 1 主题审议模式）

参考沈颖洁，傅蓉萍.发现课程——基于园本课程建设的孵化行动 [M].杭州：浙江教育出版社，2021

例2：课程审思表

课程名称	
主题前幼儿已有经验及兴趣点的分析	
主题目标	
主题进程	
推进策略	
活动成效	（可辅助照片等材料加以说明）
反思及启示	

幼儿游戏的课程评价不仅指向于幼儿的发展，也折射了游戏实施的质量，反映出幼儿园教学的管理情况，也反映了课程管理的有效性。经过实践，形成了"课程评价——分析发现问题——评价应用优化——再次验证跟踪"的循环体系。游戏课程评价为幼儿园动态监测游戏质量提供了依据，可定期了解全园——年段——班级间的幼儿在横纵的发展差异，精准把脉开出良方，有效提高教师指导游戏的能力。

2. 多方协同评价，提升课程质量

前面提到，幼儿、同伴及教师都是评价的主体。家长及社会也可以了解幼儿园的课程实施情况，参与课程评价。

（1）幼儿参与课程评价

幼儿是课程的主体，理应参与课程评价，教师用多种方法促进幼儿参与课程评价。

·投票。教师在组织各种活动时，常用到投票的办法，使幼儿能够快速的表达自己的意图。如通过举手表决或者给每位幼儿发放一个可供投票的物品（如小花片）等来进行投票，以达成某一个想法和行为上的共识。

·记录。通过记录，表达幼儿对课程的想法。比如幼儿想玩什么游戏，可以自己做游戏计划；需要用到什么材料或者如何实施也可以记录下来。教师鼓励幼儿用记录的方式对课程进行评价，如你心目中的最佳球员是什么样子？你觉得什么样的自然角才是最合适的？什么是寻找蝴蝶的最好办法？运用记录的方式打开幼儿的思维，为课程做评价。

·师幼互动。教师和同伴围坐在一起，创设一个轻松的对话氛围，用聊天等互动方式对课程进行评价。

幼儿进行课程评价的形式是多样的，只要符合幼儿年龄特点，能激发幼儿作出评价的意愿，就是适合的评价方式。

（2）家长参与课程评价

家长是幼儿园重要的教育伙伴。家长只有积极参与到课程中，才能对课程进行客观公正地评价。家长作为课程评价的主体，其参与评价的方式多样，主要的形式有：记录反馈和亲身参与。

·记录反馈主要包括班级微信群、QQ群、博客、公众号的互动、课程反馈表的填写、幼儿成长记录的收集等。家长通过教师提供的活动照片、表格、报道等，结合幼儿对课程内容的反馈进行评价；

·亲身参与主要有家长进课堂体验反馈、家长开放日反馈、家园互动、家长志愿者等形式。这些方法需要家长亲自参与到幼儿园的各项活动中，在实际活动中对幼儿、教师及课程进行评价。

（3）教育行政部门

现阶段，虽然幼儿园对课程的设置具有自主性，但仍必须遵循国家的教育方针、政策，需要教育行政部门参与幼儿园课程评价。教育行政部门通过课程评价获取关于课程方面的信息，以此作为对幼儿园课程质量的评定和推广的依据，在大方向上确保幼儿园课程的科学性和规范性。比如，教育行政部门出台评价标准，通过量化评估等方式对幼儿园的课程实施效果进行评价。如《福建省示范性幼儿园评估办法》《厦门市幼儿园保教质量监控手册》《厦门市幼儿园一日活动常规要求》都对幼儿园的课程实施提出明确要求。教育部门还组建教学视导组，定期对幼儿园进行教学视导，对课程实施过程进行审阅评价。

（4）教育专家评价

一切实践都需要高屋建瓴。幼儿园的课程建设不仅需要专家的引领，更需要专家的诊断、修正与评价。因此，学前教育专家参与幼儿园课程评价能使幼儿园的课程研究更具专业性、发展性和科学性。比如高校专家、教研员入园对课程目标的制订、课程内容的选择、实施途径的选择等提出指导意见，并深入课程实施现场，观摩幼儿活动，对教师的组织与指导提出改进意见等。

（5）社区人士

社区资源的利用是课程实施的重要手段之一。开发和利用社区资源，有利于帮助幼儿走进社会与自然，关注生活中的人、事、物，让幼儿在真实的情境中获得直接经验。在此过程中，参与课程实施的社区人士也可以参与幼儿园完善与评价课程。

从曾经的教师主观评价，到如今的教师、家长、幼儿与社会多方参与评价。评价不是单单是为了评价幼儿，而是与幼儿、家长在科学的判断下共同体验幼儿成长经历的过程。

课程评价不仅帮助幼儿获得全面的发展，也帮助教师获得专业成长。教师站在发现与欣赏的角度看待幼儿的成长，同时，呈现对课程的思考及调整。教师逐步形成了科学的课程观、儿童观、评价观，不断建构评价对推动课程质量提升、幼儿发展的意义，更好地推动课程高质量的实施。

致 谢

木铎之心，素履以往。作为一名平凡的幼教工作者，写书、出书似乎是一件很遥远的事情。从一年前的跃跃欲试、小试牛刀，到无数个挑灯夜战、奋笔疾书，至今丑媳妇终于要见公婆了，我怀着惴惴不安的心情，与大家分享自己的书稿。

回望来时路，艰辛与成就交织充盈教学之路。非常感谢关注、帮助我成长的所有人。感谢福建省特级教师、厦门市思明区教师进修学校课题规划办、名师工作室导师张琼珊老师，她不厌其烦地指导我，并对本书的框架多次精修；感谢厦门市教育科学研究院刘丽建博士给予的宝贵意见；感谢厦门市同安区教师事务受理中心、高级教师杨丽芳老师的鼓励，让我对游戏课程改革充满信心；感谢厦门市同安区教师进修学校副校长、高级教师王芳老师的大力支持，让我在教科研路上越走越扎实；感谢厦门市同安区朝阳幼儿园教科研团队多年来与我携手研讨、实践论证；感谢黄秋玲、余依珊、张燕鹏、陈萱、张晓倩等几位年轻教师帮忙校对文稿；感谢爱人李义文老师长期以来对我工作和生活的全力支持，并在"深度学习"这个板块给予许多建议；感谢女儿庄媛帮忙润色文章，女儿一帆为我的书绘制封面……同时，也要感谢厦门市同安区教育局与教师进修学校对本书的大力支持，感谢出版社的编辑为此书的出版提供专业建议和帮助。感谢陪伴我一起经历成长的所有人，你们的付出让我幸甚至哉，感激不尽。

我眼中的幼儿是能力强、自信足的主动学习者。他们对世界充满好奇，又在好奇中探究发展；他们在不断的尝试中越发自信。我们有足够的理由相信幼儿是具有无限潜能的，我们放手、关注、支持，能够促使他们迈出自主成长路上的每一步！希望更多的幼儿教师一起走到观察幼儿、解读幼儿、研究幼儿的路上，让自主游戏之花遍地开放！让幼儿绽放童真色彩，敢于追梦；让幼儿与教师如砂纸和玉，相互打磨，互相成就。

在撰写书稿的过程中，我不断警醒自己：心中有目标、眼中有幼儿；以幼儿的视角看世界，用幼儿的方式做事情。在游戏研究中，我找到职业幸福的真谛，享受幼儿教师应有的职业幸福。

道阻且长，行则将至。而今，我非常荣幸有机会带着爱和喜悦与读者分享我的实践经历。身在幼教一线的我，乐在其中，研究给予我继续前行的动力，我也以萤雾之微，为幼儿教育贡献微薄之力。因水平有限，此书还有许多不足之处，但教育不是一蹴而就的短跑，而是一场旷日持久的马拉松。成长为参天大树需要一个漫长的生长过程，我将继续在深度学习的背景下，围绕"游戏课程化"这个中心点，不断探寻适宜我园乃至更具普遍意义的幼儿园科学发展之路，为自己热爱的事业、为幼儿的良好发展继续努力，不断自省，完善自我，充分发挥园丁的使命，为幼儿扣好人生的第一粒扣子！

参考文献

[1] 华爱华. 幼儿游戏理论 [M]. 上海：上海教育出版社，1998.

[2] 林茅. 幼儿游戏理论与实践 [M]. 上海：上海教育出版社，1995.

[3] 钟启泉. 深度学习 [M]. 上海：华东师范大学出版社，2021.

[4] 田慧生. 深度学习走向核心素养 [M]. 北京：教育科学出版社，2015.

[5][美] 约翰·杜威. 我们怎样思维·经验与教育 [M]. 姜文闵，译. 北京：人民教育出版社，2005.

[6] 徐泽民，洪晓琴. 走近游戏 走近幼儿 [M]. 上海：上海教育出版社，2008.

[7] 邱学青. 学前儿童游戏 [M]. 南京：江苏凤凰教育出版社，2015.

[8] 林晓丰. 追随幼儿游戏 促进主动发展 [M]. 福州：福建教育出版社，2021.

[9] 董旭花. 自主游戏成就幼儿快乐而有意义的童年 [M]. 济南：中国轻工业出版社，2021.

[10] 程学琴. 放手游戏 发现儿童 [M]. 上海：华东师范大学出版社，2019.

[11] 朱瑶，等. 幼儿园课程评价无处不在 [M]. 杭州：浙江教育出版社，2021.

[12] 刘晓颖. 发现儿童的力量 [M]. 北京：北京少年儿童出版社，2015.

[13] 叶平枝. 幼儿园深度学习课程设计与实施 [M]. 北京：教育科学出版社，2021.

[14] 张俊. 看得见儿童 找得到课程 [M]. 南京：江苏凤凰教育出版社，2021.

[15] 王微丽，霍力岩. 支架儿童的主动学习 [M]. 北京：北京师范大学出版社，2016.

[16] 汪秀宏，王微丽，霍力岩. 支架儿童的主动探究：STEM 与个别化学习 [M]. 北京：北京师范大学出版社，2019.

[17] 盖伊·格朗兰德. 发展适宜性游戏：引导幼儿向更高水平发展 [M]. 严冷，译. 北京：北京师范大学出版社，2014.

[18] 玛西娅·内尔，沃特德鲁，黛博拉布什. 从游戏的理论到实践 [M]. 贾莎莎，译. 上海：华东师范大学出版社，2020.

[19] 德布·柯蒂斯，纳迪娅·贾伯内塔. 读懂儿童的思维：支持自主游戏中的图示探索 [M]. 张晖，译. 北京：中国轻工业出版社，2022.

[20] 马万成. 森林里的学校：五育并举构建和融课程生态体系 [M]. 北京：北京师

范大学出版集团，2021.

[21] 沈颖洁，傅蓉萍.发现课程：基于园本课程建设的孵化行动 [M].杭州：浙江教育出版社，2021.

[22] 田方，黄瑾.不同类型和组织形式活动中师幼互动现状的比较研究 [J].幼儿教育（教育科学），2014（6）.

[23] 周玲玲.幼儿教师如何编写观察记录 [J].中国教育报.2014-04-06.

[24] 安富海.促进深度学习的课堂教学策略研究 [J].课程·教材·教法，2014（11）：57-62.

[25] 李建萍.基于 SOLO 分类理论幼儿深度学习的评价研究：以大班集体构建活动 [D].西宁：青海师范大学，2021.

[26] 冯晓霞.生成课程与预成课程 [J].早期教育，2001（8）：2.

[27] 舒婷婷，王春燕.幼儿园课程故事的内涵、问题与对策 [J].中国教育报学前周刊，2020（12）.